Robert D. Kaplan

EARNING
THE ROCKIES

How Geography Shapes
America's Role in the World

成败落基山

地理如何塑造
美国的世界角色

[美] 罗伯特·D.卡普兰———— 著

贾丁———— 译

南京大学出版社

EARNING THE ROCKIES: HOW GEOGRAPHY SHAPES AMERICA'S ROLE IN THE WORLD by ROBERT D. KAPLAN

Copyright © 2017 by ROBERT D. KAPLAN

This edition arranged with BRANDT& HOCHMAN LITERARY AGENTS, INC.

through BIG APPLE AGENCY, INC., LABUAN, MALAYSIA.

Simplified Chinese edition copyright © 2021 Shanghai Sanhui Culture and Press Ltd.

Published by Nanjing University Press

All rights reserved.

版权登记号：图字10–2021–197 号

图书在版编目（CIP）数据

　　成败落基山：地理如何塑造美国的世界角色 / (美)罗伯特·D. 卡普兰 (Robert D.Kaplan) 著；贾丁译. — 南京：南京大学出版社, 2021.11
　　（卡普兰作品集）
　　书名原文: Earning the Rockies：How Geography Shapes America's Role in the World
　　ISBN 978–7–305–24591–6

　　Ⅰ.①成… Ⅱ.①罗… ②贾… Ⅲ.①文化研究—美国 Ⅳ.①G171.2

　　中国版本图书馆CIP数据核字(2021)第132425号

出版发行　南京大学出版社
社　　　址　南京市汉口路22号　　邮　　编　210093
出 版 人　金鑫荣

丛 书 名　卡普兰作品集
书　　　名　成败落基山：地理如何塑造美国的世界角色
著　　者　[美]罗伯特·D.卡普兰
译　　者　贾　丁
策 划 人　严搏非
责任编辑　郭艳娟
校　　对　梁承露
特约编辑　杨晓琼 李　姗

印　　　刷　山东临沂新华印刷物流集团有限责任公司
开　　　本　880×1240 1/32　印张 5.5　字数 119千
版　　次　2021年11月第1版　　2021年11月第1次印刷
ISBN 978–7–305–24591–6
定　　价　45.00元

网　　　址　http://www.njupco.com
官方微博　http://weibo.com/njupco
官方微信　njupress
销售热线　（025）83594756

献给威廉·惠特沃思（William Whitworth）

横亘海上，草原的梦土，

我们这极卑微的也请您随时周览、降临

以及凭那度弧线送一个神话给上帝。

——哈特·克莱恩（Hart Crane）[1]

《布鲁克林大桥》（"To Brooklyn Bridge"）

---

[1] 哈特·克莱恩（1899—1932），美国诗人。受 T. S. 艾略特影响开始写诗，遣词作诗常用古语，以致诗文比较晦涩难懂，但仍是当时公认的最具影响力的诗人之一。——译者注（本书脚注若无说明均为译者注。）

加拿大

罗斯福湖
WA
大古力水坝　利比大坝
邦威水坝　德沃夏克大坝　饿马水坝
哥伦比亚河
OR
ID

库卡努萨湖

佩克堡大坝

萨卡卡维湖
加里森大坝
ND
奥
SD
弗
拉
克大

美

洲

落

基

MT

密苏里河

斯
内
克
河

沙斯塔大坝
奥罗维尔大坝
CA

内
达
华
山
脉

大

盆

NV

盐湖谷
盐湖城
UT
维尔诺

格林河

兰德
南山口

杰弗里城

拉什莫尔山
卡斯珀

黑山
基斯通

阿尔科瓦
大坝
弗莱明峡大坝

怀
俄
明
拉腊
米堡

WY

斯科茨布拉夫
奇姆尼罗克

NE

作者
的路线

地

锡安
国家公园
米德湖
巴斯托　胡佛水坝
圣迭戈

莫
哈
韦
沙
漠
科
罗
拉
多
河

鲍威尔湖
葛兰峡谷
大坝

AZ

普
拉

特

CO 河

普拉特河
普拉特中央

KS

脉

NM

陇
水
河

山

林

大

沙

漠

格
兰
德
河

太

平

洋

墨

西

哥

阿米斯塔德大坝

加拿大

MN
WI
MI
密西西比河
IA
得梅因河

作者的路线

得梅因
基奥卡克
汉密尔顿

芝加哥

IL
斯普林菲尔德
印第安纳波利斯
伊利诺河
沃巴什河
布卢明顿
辛辛那提
KY 朴次茅斯
坎伯兰湖

IN
OH
西奥托河
哥伦布
惠灵
四兹堡
布瑞埃塔
WV

阿迪朗达克山脉
斯托克布里奇
NY 卡次启尔山脉
特拉华河
哈里斯堡福吉谷
约克 兰卡斯特
MD
约克加尼河
莫农加希拉河
VA
阿勒格尼山脉

VT
NH
MA
胡萨托尼克河
CT RI 长岛海峡
萨加莫尔山
科尔德斯普林港
NJ
费城
DE

MO
亨利杜鲁门大坝
泰博罗克大坝
布尔肖尔斯大坝
尤法拉大坝
AR
宾河
大坝
托莱多本德大坝
LA
新奥尔良

肯塔基大坝
田纳西河
TN

罗阿诺克河
约翰科尔大坝
NC
哈特韦尔大坝
SC
斯特罗姆瑟蒙德大坝
萨凡纳河
GA

ME

大西洋

墨西哥湾

MS
AL

FL

密西西比河

作者路线图地名缩写对照表

AL 亚拉巴马		NC 北卡罗来纳	
AR 阿肯色		ND 北达科他	
AZ 亚利桑那		NH 新罕布什尔	
CA 加利福尼亚		NJ 新泽西	
CO 科罗拉多		NM 新墨西哥	
CT 康涅狄格		NV 内华达	
DE 特拉华		NY 纽约	
FL 佛罗里达		OH 俄亥俄	
GA 佐治亚		OK 俄克拉何马	
IA 艾奥瓦		OR 俄勒冈	
ID 爱达荷		PA 宾夕法尼亚	
IL 伊利诺伊		RI 罗得岛	
IN 印第安纳		SC 南卡罗来纳	
KS 堪萨斯		SD 南达科他	
KY 肯塔基		TN 田纳西	
LA 路易斯安那		TX 得克萨斯	
MA 马萨诸塞		UT 犹他	
ME 缅因		VT 佛蒙特	
MD 马里兰		VA 弗吉尼亚	
MI 密歇根		WA 华盛顿	
MN 明尼苏达		WV 西弗吉尼亚	
MO 密苏里		WI 威斯康星	
MS 密西西比		WY 怀俄明	
MT 蒙大拿			
NE 内布拉斯加			

目 录

译者序：一名美国公共知识分子的战略迷思

本书作者罗伯特·卡普兰是美国著名的公共知识分子。卡普兰履历丰富、标签众多。他目前在新美国安全中心兼职高级研究员。他担任过斯特拉福战略预测公司的首席地缘政治分析师，美国海军学院的客座教授，并在罗伯特·盖茨担任美国国防部部长期间被任命为美国国防政策委员会成员，他也是美国海军作战小组（Navy's Executive Panel）的成员。2004 年，康涅狄格大学授予卡普兰杰出校友奖。2009 年，他被费城外交政策研究所授予本杰明·富兰克林公共服务奖。《外交政策》杂志先后两次将他选入"全球 100 位顶尖思想者"。

旅行者、记者和畅销书作家

卡普兰 1952 年 6 月 23 日出生于美国纽约，1973 年毕业于康涅狄格大学，在校期间曾担任《康涅狄格每日校讯》专题编辑。毕业后的一年多里，他游历了整个东欧和中东的部分地区。之后，他短暂担任佛蒙特州《拉特兰每日先驱报》的记者。1975 年，他离开美国，前往阿拉伯和地中海地区游历，开始了 16 年的海外生活。其间，他在以色列国防部队服役一年，并在希腊和葡萄牙生活了九年。

卡普兰的成名是在担任《大西洋月刊》记者期间。1994 年，他在《大西洋月刊》发表长文《无政府时代的来临》（"The Coming Anarchy"，后扩展成文集，中文版 2015 年出版），文章内容涉及人口增长、种族和宗派冲突、疾病、城市化和资源枯竭如何破坏地球的政治结构。此文发表后引起巨大反响，与弗朗西斯·福山的《历史的终结与最后的人》和塞缪尔·亨廷顿的《文明的冲突与世界秩序的重建》一起，被西方学界称为"对未来世界最重要和影响力最大的三大著作"。

卡普兰还是一位畅销书作家。1993 年，卡普兰的《巴尔干两千年：穿越历史的幽灵》（*Balkan Ghosts: A Journey Through History*，中文版 2018 年出版）被《纽约时报图书评论》评选为当年"最佳图书"之一。之后，《阿拉伯主义者：美国精英的传奇故事》（*The Arabists: The Romance of an American Elite*）、《世界的尽头：21 世纪初的旅行》（*The Ends of the Earth: A Journey at the Dawn of the 21st Century*，多次再版并更改副标题）、《荒野帝国：走入美国未来的旅行》（*An Empire Wilderness: Travels into America's Future*，中文版由三辉图书于 2018 年出版）、《东进鞑靼：巴尔干、中东和高加索地区游记》（*Eastward to Tartary: Travels in the Balkans, the Middle East, and the Caucasus*）和《武士政治：领导层为什么需要异教徒的精神气质》（*Warrior Politics: Why Leadership Demands a Pagan Ethos*，中文版 2014 年出版）也先后被《纽约时报图书评论》评选为"年度知名图书"。另外，《荒野帝国》被《华盛顿邮报》和《洛杉矶时报》选为 1998 年度最佳图书之一。《华尔街日报》将《阿拉伯主义者》评为关于美国介入中东事务的五本最佳图书之一。《金融时报》将《亚洲危局：南海危机和躁动的太平洋》（*Asia's Cauldron:*

The South China Sea and the End of a Stable Pacific）评为 2014 年度十佳政治图书之一。《纽约时报》专栏作家托马斯·弗里德曼将卡普兰与斯坦福大学教授弗朗西斯·福山、耶鲁大学教授保罗·肯尼迪和哈佛大学已故教授塞缪尔·亨廷顿并称为"最广为人知"的研究后冷战时代的四大作家。

实为外交评论的游记

卡普兰在本书中沿袭了其一贯的"游记散文 + 外交评论"的写作风格。这次他旅行和写作的对象是包括大平原和落基山脉在内的美国中、西部地区。卡普兰的这趟旅行有三位"精神导师"。第一位是他的父亲菲利普·卡普兰，一名庸庸碌碌的卡车司机，年轻时曾周游过美国 43 个州，为童年的罗伯特·卡普兰生动描绘了人生第一幅美国地图，是罗伯特·卡普兰探索美国大陆的"启蒙导师"。第二位是伯纳德·德沃托，一位毕生致力于研究美国西进运动的历史学家，他教会卡普兰以地理学的方式来理解美国历史，从而帮助卡普兰在更广阔的世界中理解美国的作用，他影响了卡普兰看待美国，乃至整个世界的方式。第三位是沃尔特·普雷斯科特·韦布，这位比德沃托成名更早的学者不仅启发了德沃托，也影响了更后辈的卡普兰，他明确了"美国拓荒者的西部征服史塑造了美国历史"这一观点。

当旅行到圣迭戈海军基地时，看到太平洋的卡普兰想到了对岸的中国。他认为，中国的军事崛起是对 21 世纪初美国外交政策的最重要的挑战，中国在西太平洋和印度洋的存在将使其成为美国的强大对手。他明确主张，美国的军事重心应从中东转移至亚太，并与亚洲各国建立新型盟友关系，共同制衡中国的崛起。

美国的新保守主义

　　按照政治光谱来划分，卡普兰是典型的新保守主义者。新保守主义是一个比较模糊的概念，一般认为，它是美国国内兴起于 20 世纪 60 年代末，成熟于 20 世纪 70 年代至 80 年代的一种政治思潮，包括各种形式的保守主义派别及思想观点。新保守主义的灵魂人物欧文·克里斯托尔认为，"新保守主义者是被现实劫掠的自由主义者"，他们有五个方面的模糊共识：持西方的价值观念、认同罗斯福新政的基本原则、主张维护传统的宗教和道德观念、重申古典自由主义关于机会平等的思想、认为资本主义与共产主义无法共存。

　　新保守主义在外交上信奉美国例外论，强调意识形态的作用，推崇实力外交，主张向全世界推行美国式民主和资本主义。1980 年，奉行保守主义的共和党人里根当选总统，同时共和党人自 1954 年以来首次控制参议院，这是保守主义和共和党的重大胜利。自此，在里根、老布什、克林顿和小布什四届政府时期，新保守主义对美国的外交政策都产生了不同程度的影响。特别是在小布什上台和"9·11"事件后，新保守主义逐渐在外交政策方面占据了统治地位。奥巴马上台后，被普遍认为将"退潮"的新保守主义只是暂时处于"守势"，在奥巴马的外交政策中仍然可以看到新保守主义的影子。

　　本书问世是在 2016 年美国总统大选尘埃落定之后，赢了近 300 万张普选票的民主党候选人希拉里·克林顿输给了受民粹主义者拥护的共和党候选人唐纳德·特朗普。新保守派一度被认为将遭到放逐，然而事实是难以预测的，就像特朗普是难以预测的一样。2018

年 3 月，特朗普任命新保守派旗手人物约翰·博尔顿为国家安全事务助理，新保守派实现了强势回归。但特朗普再次证明他是难以预测的，博尔顿在任职一年半后于 2019 年 9 月被特朗普解雇。其实，在卡普兰写作本书时，特朗普还不是大选的热门人物，因此本书并没有多少涉及特朗普的内容。本书更像是卡普兰对新保守主义的一种反思和再出发，探求新保守主义在美国继续发展和再次兴起的信心、依据和动力。

新保守主义极盛时期的青年人将很快成为美国政府的中坚力量，他们中有多少人信奉新保守主义还很难说，但他们是新保守主义复兴的希望之一。作为新保守派最知名"大脑"的卡普兰以游记散文的形式传播新保守主义思想，似乎也是在借鉴"民粹主义"的方式为新保守主义寻求更多支持者。

由于特定的意识形态背景和思想局限，卡普兰在本书里的部分言论是美国中心主义的，对华认知和观点狭隘且偏激，但为使国内研究国际关系的学者和学生更全面地了解卡普兰，本书较为完整地呈现了卡普兰的观点，相信读者在阅读本书的过程中能够辨别和批判。

译者

2020 年 4 月于北京

前言

用诗人威廉·卡洛斯·威廉姆斯(William Carlos Williams)的话来说，本书的目的是通过细节描述一个巨人——美国。[1] 本书包括一位父亲的旅行记忆，一位历史学家所寄予希望的地理，一片本应在《圣经》中才能见到的沙漠以及一个挺进海洋的中国。父亲提供了灵感；历史学家提供了必要并可以改编的神话；沙漠是必须面对的挑战，没有它就无法迎接其他挑战；海洋是通向中国的道路，即在外部世界里通向责任的道路——巨人最终会衰亡在这条道路上——所有这些都源于对北美大陆最初的征服。

作者的父亲（图左）。承蒙作者提供。

第一章　成败落基山

如果我不记得我父亲的名字，那谁会记得呢？

我父亲叫菲利普·亚历山大·卡普兰（Philip Alexander Kaplan）。他在 1909 年出生于纽约的布鲁克林（Brooklyn）。我不记得他曾经有过平静的生活。但我确实记得有一次在福吉谷（Valley Forge）[1]，他在无数桦树和松树的簇拥之下，在橡树、枫树和木兰的环抱之中，看起来是那样安详；还有一次是在弗雷德里克斯堡（Fredericksburg）[2] 的硬木林中。虽然年轻的时候，我叫不出这些树的名字，但是在之后——关于我父亲的记忆驱使我——参观游览这些名胜以及东海岸的其他地方时，我学会了如何识别这些树木。因为只有在这样的地方，远离我们周遭的环境，我父亲对于我才是真实的，对于他自己

---

[1]　福吉谷位于宾夕法尼亚州，是美国的革命圣地。1777 年冬，费城陷落后，乔治·华盛顿率领剩余军队在这里休整，这是整个独立战争最艰难的时期。华盛顿利用这段时间重新训练了军队，过冬之后，与英军再次较量，并最终赢得了独立战争的胜利。鉴于这段历史，美国政府把福吉谷划为国家历史公园。

[2]　弗雷德里克斯堡位于弗吉尼亚州，是美国最早建立的殖民地城市之一。在南北战争期间，弗雷德里克斯堡及其附近是重要的战场，爆发了钱斯勒斯维尔战役、弗雷德里克斯堡战役等重要战役。

才是真实的。

特别是，我记得他在宾夕法尼亚州兰开斯特（Lancaster）的惠特兰（Wheatland）——那里是詹姆斯·布坎南（James Buchanan）① 大气而又充满联邦风格的宅邸，空气中弥漫着南方种植园的味道。我翘首让视线越过护栏，瞥向那华丽的 19 世纪中叶的房间，里面陈设着黑胡桃木的桌子和其他古董家具，还摆放着法国的瓷器、晶莹剔透的水晶和镶着金边的镜子。是的，我记得里面有一台大钢琴，阴暗处有许多书柜和石版画。对于漫长的童年岁月，我的记忆是模糊的，但是我能够清晰地回忆起那些对于我来说至关重要的细节。惠特兰——布坎南总统生活、工作、竞选总统和去世的地方——对于孩提时的我真的影响重大。我当时只有九岁，但我父亲在那些罕有的时刻几乎将我当作成年人般跟我谈话，不过他是如此温柔。

父亲向我解说布坎南因何可能是历史上最糟糕的总统，父亲的叙述因我只是九岁的孩子而必然有所简化。当然，在之后的岁月中，我了解了其中大多数细节。

尽管 1856 年三方角逐的大选受多重因素影响，但布坎南当选总统绝对不是意外。他于 1857 年 3 月就任时，看上去万事俱备。可以说，这个国家没有一个人能够更好地胜任为分裂南北的奴隶制问题降温的任务。他身材高大、仪表堂堂，白手起家，虽孑然一身，却善于生活；他曾担任过众议员、参议员、安德鲁·杰克逊（Andrew Jackson）政

---

① 　詹姆斯·布坎南（1791—1868），美国第 15 任总统。布坎南出任总统时，正值美国历史的一个重大关头，南北双方在奴隶制问题上的斗争愈演愈烈。尽管他为避免南北分裂做出了不少努力，但还是无力扭转局势，内战最终爆发。而他的继任者正是带领北方赢得战争，并废除奴隶制的林肯总统。

府的驻俄国公使、詹姆斯·诺克斯·波尔克（James K. Polk）政府的
国务卿、富兰克林·皮尔斯（Franklin Pierce）政府的驻英国公使；他
还是一位才华横溢、技艺高超的企业经营者，尽管固执己见，却擅
长妥协的艺术。换句话说，他知道如何巧妙地获取想要的东西。还
有谁拥有拯救联邦所必需的政治头脑呢？没人比他更加精明。除了
一件事之外，即事实将证明的那样：布坎南在其参与的所有谈判中
都缺乏既定的目标，他对南方保持着一种特别而致命的同情。但是
在没有目标的情况下，他大部分时间都是雄心勃勃和技巧精湛的。
此外，他还恪守官方声明和法律的字面表述。他对于宪法和边疆有
自己的认识：他不认为总统和联邦政府有对各州发号施令的权力。
他认为赞成奴隶制和反对奴隶制的观点都有合乎情理的部分。以他
的法治风格，在平常时期，他可能会成为一位非常称职的总统；但
在非常时期，他担任总统是一场灾难。国家在他的治下最终分裂了。
"原来，他就是，嗯，力不能及。"一位父亲在惠特兰对九岁的男孩
耳语道。

　　20 世纪和 21 世纪初，世界的基本安全在很大程度上有赖于北
美温带地区的政治统一。而这几乎没有发生。我对于布坎南众多天
赋以及担任总统时期的个人污点的了解——这是父亲最先教于我
的——让我更加深刻地认识到在紧要关头做出重大决定是多么的困
难。正是对布坎南的认识——执政初期看上去那么出色，实际表现
却那么糟糕——总让我在以后的生活中想起：谢天谢地我们还有林
肯。布坎南从根本上缺乏的正是他的继任者林肯所富有的坚强个性。

　　但是那天在惠特兰，我父亲认为布坎南的失败是次要的；而
他仍是美国重要历史人物这一事实才是主要的。因此，他是值得去
了解的。不能孤立地了解伟大的总统，还需要了解他们的前任和后

任——那些不伟大的总统。事实上，我们总需要全面地观察历史，我们不能只知其善而不知其恶，反之亦然。"西进运动"尤其如此。惠特兰的经历使美国的过往栩栩如生地展现在我眼前。

　　在那趟旅行中途下榻的兰开斯特的酒店里，父母为我买了一部适合我年龄的《读者文摘》（*Reader's Digest*）风格的美国旅行文集。其中一则故事是关于驾车向西旅行的家庭的，他们在内布拉斯加州（Nebraska）——或者是大平原（Great Plains），曾经被称为"美洲大沙漠"的地方——的一家餐厅停下吃早餐，而在前方等待着他们的是落基山脉。在我深刻但不一定准确的童年记忆中，这则故事里，父亲对妻子和孩子说："我们只有穿越平坦的中部大平原才能赢下落基山"。或许原文是"完成落基山的挑战"。无论如何，"成败落基山"已成为我的人生箴言。它概括了美国的大陆——由林肯统一和实现的——地理环境，以及落基山脉作为地理实体的意义，即需要先通过东部沿海地区、中西部地区和美洲大沙漠才能到达，而欧洲移民和开拓者——他们并不知道地平线那头究竟有什么——也正是通过这条路感受到了落基山脉那不曾料到且令人生畏的壮阔。

　　童年时代，我渴望看到比阿巴拉契亚山脉（Appalachians）还要高的山峰。而我的家庭从未离开东部各州。落基山太遥远了，我父母根本没有办法，尽管我父亲经常谈起它。"成败落基山"激励着我去旅行，这也是从我记事起，父亲向我灌输的东西。

　　父母带我去宾夕法尼亚州（Pennsylvania）的这次旅行是在1962年。当时阿拉斯加（Alaska）和夏威夷（Hawaii）才获准并入美国不久。无论流行歌曲还是陈词滥调，美国仍然有一阵认为自己只是一个从此海岸延伸至彼海岸的大陆国家。时至今日，阿拉斯加人仍然将美国的其他部分称为"低纬 48 州"（the Lower 48），即位于北美大陆温带地区的 48 个州。亚利桑那州（Arizona）于 1912 年——与我写作此书的时间相比，宾州之行的时间距 1912 年更近一些——并入美国，是"低纬 48 州"中最晚的一个。

　　当时的美国与现在不同，土地更空旷、人口更稀疏。福吉谷不在现在的大费城地区（Greater Philadelphia）附近，弗雷德里克斯堡也不在大华盛顿哥伦比亚特区（Greater Washington，D. C.）附近，特区的食物更加特别——在南方比较普遍的连锁餐厅和粗玉米粉在这里很少见。人们更多地选择开车、乘巴士或搭便车——正如我在 1970 年的夏天的选择一样——而不是坐飞机来穿越美国。州际高速公路令人耳目一新，宾夕法尼亚州的收费公路和纽约州的快速公路构成了异乎寻常的体验，旅客可以在休息站坐下来用餐，并享受侍者的服务。这些神奇的高速公路可以把你从大西洋海岸一路送到中西部的边缘地带！当时的东海岸地区远比现在有冒险性。任何地方的人都很少。

　　当然也有阴暗的一面。我记得同父母在弗吉尼亚州塔帕汉诺克（Tappahannock）一家叫作"洛厄里"（Lowery's）的快餐厅用午餐。那是在 1964 年的春天——《民权法案》（Civil Rights Act）出台前几个月——我们参观完约克镇战场（Yorktown Battlefield）北归的路上。我们开门时门口有个牌子："只准白人进入"。我看到父母惴惴不安地注视对方，这让 11 岁的我感到害怕。我们走进去，悄悄地吃饭，注意到所有人都在盯着我们。显然，我们不是当地人，因此不是完全受欢迎的。

　　那些旅行是我的童年瑰宝。在回忆起它们时，我最怀念自己的父母。从这些旅行归来，像震惊的外来人一样，我发现位于皇后区

（Queens）的家周围是粗糙的非黑即白的环境，从——我们吃饭的地方——令人窒息的厨房望去，乌黑的逃生楼梯和碉堡似的公寓楼竟是唯一可以看到的东西。由于我们曾经去过的地方和我们所住的地方之间的冲突，我相信那些早期的旅行让我背负起一种从未完全适应的东西：残酷的客观现实。上午，我们在惠特兰的布坎南的宅邸外欣赏荫翳；当晚我们回到公寓，忍受街坊邻居的大喊大叫。领略更广阔的世界，即使只一瞥，也要付出代价。我先前就知道这种比较是痛苦的，也不总是温和的，但它是所有认真分析的根源。

　　我父亲是一名高中毕业的卡车司机，他喜欢一边收听纽约古典音乐电台的古典音乐，一边轻松完成《纽约时报》（*New York Times*）上的填字游戏。他收藏了一些唱片，包括约翰·菲利浦·苏萨（John Philip Sousa）① 的爱国主义管弦乐、阿尔·乔森（Al Jolson）② 以及少量斯蒂芬·福斯特（Stephen Foster）③ 的音乐合辑。正是音乐将你从 19 世纪中叶带到 20 世纪的头十年，并透露出这个国家悄悄走向第二次世界大战的潜在活力。在全部奇怪而别扭的曲目中也有费尔德·格罗菲（Ferde Grofé）④ 在 1931 年创作完成的《大峡谷组曲》（*Grand Can-*

---

① 约翰·菲利浦·苏萨（1854—1932），美国作曲家、军乐指挥家。曾任美国海军陆战队乐队领队、美国海军乐队总指挥，创作过 100 首以上的进行曲，对美国铜管乐的发展起到了重大的推动作用，被称为"进行曲之王"。

② 阿尔·乔森（1886—1950），美国歌手、电影演员和喜剧演员。在事业巅峰期，他被美国人称为"世界上最伟大的艺人"。

③ 斯蒂芬·福斯特（1826—1864），美国作曲家，被称为"民谣之父"，创作有 200 多首歌曲，其中《故乡的亲人》《我的肯塔基故乡》《噢，苏珊娜》《老黑奴》等都是广为流传的经典歌曲。

④ 费尔德·格罗菲（1892—1972），美国作曲家、小提琴家和钢琴家。他把古典音乐和美国爵士音乐的表现手法巧妙地结合在一起，作品洗练又通俗易懂，既有美国民族气质又具欧洲音乐的传统特色，为美国现代音乐的创立与发展做出了很大贡献。

yon Suite），那萦绕心头的琴弦声正是对旅行充满希望的暗示。20 世纪 60 年代，我父亲落后于时代数十年。但当步入中年时，我意识到我对此是多么感激。

1961 年春天，我父亲带着全家人，包括我的哥哥和一个堂兄弟去华盛顿特区旅行。这场旅行特别难忘，因为在第二天晚上，他给我们弄到了海军乐队在宪法大厅演奏苏萨作品的门票。在这些激动人心的时刻——惠特兰、海军乐队——之外的是我童年时代潜在的悲伤情绪：每天下午，直接透过公寓的窗子就可以看到我的父亲坐在凌乱的床上，低头系着工作靴上的鞋带，不时短暂地陷入精神恍惚，然后准备在布鲁克林的某块荒地上开整晚的车。卧室里正对着他的是他的藏书，实际上有两个书架。我记得有约翰·亨特爵士（Sir John Hunt）① 的《征服珠穆朗玛峰》（*The Conquest of Everest*）、威廉·奥威尔·道格拉斯（William O. Douglas）② 的《超越喜马拉雅山脉》（*Beyond the High Himalayas*）、杜马·马隆（Dumas Malone）③ 的《弗吉尼亚人杰斐逊》（*Jefferson the Virginian*），还有一本他刚买下且之前就想阅读的书——约翰·斯坦贝克（John Steinbeck）④ 的《与查利同游美国》（*Travels with Charley: In Search of America*）。

---

① 约翰·亨特爵士（1910—1998），英国军官。1953 年，他领导的英国探险队队员登上珠穆朗玛峰，是有历史记载以来人类首次登上世界第一高峰。

② 威廉·奥威尔·道格拉斯（1898—1980），美国最高法院大法官。他是历史上任职时间最长的大法官，长达 36 年又 209 天。

③ 杜马·马隆（1892—1986），美国历史学家、传记作家，其著作《杰斐逊和他的时代》获得普利策美国历史作品奖。

④ 约翰·斯坦贝克（1902—1968），美国作家，其作品《人鼠之间》获得了 1962 年的诺贝尔文学奖。

20 世纪 30 年代，我父亲乘火车周游美国，在"低纬 48 州"中的 43 个州中，他靠刺探赛马情报为生，并这样度过了二十来岁的那 10 年。每当"赌场得意"后，他都会手持雪茄住进一流的酒店；而 24 小时之后，他又会像 20 世纪 30 年代的很多人一样沦为无业游民。他向我讲述美国大萧条时期他的冒险故事，当时这个国家的主要地理环境还是田园烂漫的，他耍的花招相对来说也是没有恶意的，当你落魄潦倒时，人们会接济你。我有一张父亲的照片，与现实的样子差别很大，照片中他穿着夹克，系着领带，顶着时髦的软呢帽，带着自信的微笑，上方醒目地印着"1933 年"。照片是在达拉斯举办的得克萨斯州博览会上拍的，小时候我没认出照片上的人就是我的父亲。

我父亲对于美国的赛马场如数家珍：俄亥俄州哥伦布市的比乌拉公园（Beulah Park）、达拉斯—沃斯堡大都会区的阿灵顿马场（Arlington Downs）、丘吉尔园马场（Churchill Downs）——他在这里亲眼见到"勇敢的冒险"（Bold Venture）赢得 1936 年的肯塔基赛马大会。1933 年到 1934 年的冬天他在休斯敦和新奥尔良；第二年他乘坐联合太平洋铁路公司的货运列车从匹兹堡到芝加哥再到拉斯维加斯；他生病、破产、恢复元气。这是一种让人印象深刻的生活方式，然而处于漫无目的、粗俗鄙陋和令人同情的边缘，父亲的讲述也满是夸夸其谈。

我父亲对旅行的最后记忆是在 1942 年。他刚完成在路易斯安那州波克堡（Fort Polk）军事基地的基本训练，登上了一辆北上的部队列车，将被派往欧洲，服役于驻扎在英国的美国第八航空军。在伊利诺伊州开罗附近的铁路枢纽处，大草原被阳光照射得五光十色。其他列车从不同轨道上汇聚到一条轨道上，并沿着这条轨道将部队送往东海岸的港口，在那里等候着驶往欧洲的船只。苍穹之下，他唯一能看到的就是越来越多的列车，士兵们从每一扇车窗向外望去，每列车都弯成弧形接着前面的列车，平坦无垠的大地也被太阳染红了。"看着窗外的景色，那一刻我知道我们将赢得这场战争。"他系好鞋带后，微笑着对我回忆道。

我的第一幅美国地图是父亲为我生动描绘出的。这片大地上充满了经验教训和不可思议的事物，我非常想亲身体验。我从来没想过平坦的大草原会是枯燥的，是更宏大事物巨大而壮丽的前奏。对此我要感谢父亲。于是我完成了几次从东海岸到西海岸的旅行，一次是在我十几岁的时候，满怀好奇地搭便车，一心只想领略西部的风景；然后是中年时作为记者，报道关于社会、地区和环境的问题；然后就是现在，我65岁的时候，在国际事件上有些受挫，于是希望纯粹地看看我所处的国家，以此来了解美国在世界上的地位。

在第一次和第二次旅行之间，我发现了一位适合我的游记向导，他像我的父亲一样，看到了大地上难以捉摸的东西。现在我必须重温他的游记，为我下一次也许是最后一次的旅行做准备。了解美国的情况有助于我们重新发现重要而被遗忘的事物，平凡而被忽视的事物。在喷气机时代便利的表象之下，游记在手，美国大地在向我召唤。走出美国海外困境的关键就存在于大陆本身。

第二章　大陆帝国

　　他眯着眼睛，用自己的方式，像荷马那样凭着记忆，回顾峥嵘往昔。他切中要害：从美国在第二次世界大战中的有利位置出发，回顾了100年前的美国西进运动。他用自己的语言，真正的美国习语来讲述，绘声绘色、拒绝浮华，就像他曾经提到过的，在提顿山下，在"夜晚无尽的寂静"中，最后的自由人围着篝火讲的好故事一样。[1] 左翼人士和右翼人士都会在不同时期憎恨伯纳德·德沃托（Bernard DeVoto），但他的文字——粗犷、犀利、倜傥不羁，带有哈佛的研究气息和犹他的童年烙印——有这样一种感觉：曾经就是这样（this was how it was）。

　　我父亲的青春记忆——是他悲哀和屈辱的成人生活的一片绿洲——鼓舞着我发现祖国的地理奇观。这是将我从枯燥的青春中解救的少数精神源泉之一。而德沃托正是教会我如何看待这些地理奇观的人。德沃托教会我以地理学的方式来理解美国历史，从而帮助我在更广阔的世界中理解美国的作用。20世纪90年代初，在波士顿的一家书店里，我偶然发现了德沃托的作品，并立即被吸引，德沃托对于美国西部的热情和视角正好同我父亲的相一致。德沃托对于我来说是一位举足轻重的人物，他影响了我看待美国乃至整个世界的方式。他是第一位告诉我美利坚帝国始于对美国西部地区的开拓——而不是称霸加勒比地区，或是众所周知地占领菲律宾——的作家。帝国的宝贵经验则是强调忍耐和克制，而不仅仅是扩张。

　　因为德沃托对于我——如何看待 21 世纪的美洲大陆及其命运同全球其他地区的关系——是至关重要的，所以有必要对他的作品做一些详细描述。而重温他的作品也为我最后一次从东海岸到西海岸的旅行做了间接的准备。

　　德沃托 1897 年出生于犹他州的奥格登（Ogden），他先后在犹他大学和哈佛大学学习，之后成为《哈泼斯杂志》（Harper's）^① 的专栏作家，直到 1955 年去世。德沃托是一位感情丰富的历史学家，毕生致力于研究西进运动，特别是在 20 世纪 40 年代最黑暗的日子里，他利用命定扩张论（Manifest Destiny）^② 中的地缘政治理论来告诉美国人如何走出绝望。他毫无疑问是一个浪漫主义者，这不是因为他宣传和鼓舞的方式，而是由于作为一位西进运动研究领域的专家，他有些像帕特里克·莱斯·弗莫尔（Patrick Leigh Fermor）^③ 和劳伦斯·达雷尔（Lawrence Durrell）^④ 那样博学和感性。德沃托证明落基山脉配得上同巴尔干地区与欧洲中部地区一样被特别对待。在德沃托 1942 年出版的经典之作《1846：决定之年》（The Year of Decision: 1846）中，他在"朴素的远征"一章里讲述了美墨战争期间的一次远征：密苏里第一骑兵志愿队（First Missouri Mounted Volunteers）从堪萨斯州的莱

---

① 《哈泼斯杂志》是美国的一份月刊，创刊于1850年，内容涵盖文学、政治、艺术等多个方面。
② 命定扩张论是 19 世纪美国人的一种信条，表达美国凭借天命对外扩张，散播所谓"民主和自由"的观念。
③ 帕特里克·莱斯·弗莫尔（1915—2011），英国学者、作家，在世时被誉为"英国最伟大的旅行作家"，著有《时间的礼物》《山林与水泽之间》等。
④ 劳伦斯·达雷尔（1912—1990），英国传记作者、诗人、小说家、剧作家。

文沃斯堡（Fort Leavenworth）出发，经新墨西哥的圣塔菲（Santa Fe），穿过 5600 多千米的草原、沙漠和山区，到达格兰德河（Rio Grande）。他甚至有将此次行军同 2400 年前的色诺芬（Xenophon）远征相提并论的意思，当时色诺芬率领 1 万名希腊雇佣兵从美索不达米亚（Mesopotamia）出发，穿越安纳托利亚（Anatolia），到达希腊。在古希腊和 19 世纪的美国，民主不仅仅是一种理论上或哲学上的建构，还是对重大磨难的有机反应，是士兵们每晚在月下所讨论的话题。将希腊古典研究运用于美国边境研究，德沃托的这种写作风格正好符合好友华莱士·斯特格纳（Wallace Stegner）① 对他的评价："有趣"以及有一种对历史的"参与感"。[2]

　　德沃托写西进运动的时候，西进运动的历史尚不足一个世纪，而当时美国东海岸精英对其国家的关注还没跟上进度。因此，德沃托不只是一位地区作家，还是一位一流的历史学家。正如斯特格纳所说，德沃托的《1846：决定之年》是"危难时期的民族团结宣言"，其出版正值太平洋战争的转折点——中途岛战役。[3] 德沃托骨子里深信——其程度或许是前无古人、后无来者的——征服大平原和落基山脉是打败纳粹和日本人的前提。但同时，他对必胜论的厌恶使他欣然引用拉尔夫·沃尔多·爱默生（Ralph Waldo Emerson）② 关于墨西哥战争的悲剧描写："美国将征服墨西哥，但它会像人吞下砒霜一样，转而倒下。"[4] 在庆祝美国扩张主义取得胜利的同时，德沃托通过他的叙述坦诚地承认其中的道德观暧昧模糊。

---

① 　华莱士·斯特格纳（1909—1993），美国小说家、历史学家，被称为"美国西部作家掌门人"。
② 　拉尔夫·沃尔多·爱默生（1803—1882），美国思想家、文学家、诗人，他是确立美国文化精神的代表人物。美国前总统林肯称他为"美国的孔子""美国文明之父"。

　　德沃托从未离开过北美洲的土地。"作为一名历史学家，"他写道，"我对于美国人民不断增强的信念——美国是事实上的两洋国家——感兴趣；这是我所谓大陆意识的发展。"[5] 最重要的是，这使他成为一个地图狂人。"他将地图铺在客厅的地板上，"历史学家和传记作家凯瑟琳·德林克·鲍恩(Catherine Drinker Bowen)① 回想起，"本尼 ② 一边发表观点，我们一边从一幅地图爬到另一幅地图，直到我们的膝盖酸疼，但我们的脑子里充满了'奥加拉拉'(Ogallala)，'小蓝河'(Little Blue)，'斯里福克斯'(Three Forks)，'象山村'(Elephant Butte) ③，'曼丹人、阿里卡拉人和黑脚人 ④ 的村落'(the country of the Mandans，the Arikaras，and the Blackfeet) 这样的名字。"[6] 根据历史学家小阿瑟·迈耶·施莱辛格 (Arthur M. Schlesinger，Jr.) ⑤ 对德沃托的评价，与其说他是一个不关心世界其他地方的美国本土主义者，倒不如说他是一个激进的理想主义者。施莱辛格写道："没有什么比看清法西斯主义的意图更能为德沃托的智慧带来声誉。他的性格和关注点——他对于美国历史乐此不疲，他不曾到美洲大陆以外的地方旅行，他对欧洲范例或同欧洲对比感到不耐烦——很可能使他倾向于孤立主义。但他从一开始就对美国在战争中的利害关系以及美国

---

① 凯瑟琳·德林克·鲍恩（1897—1973），以传记闻名于世的美国作家，于 1958 年获得美国国家图书奖最佳非虚构奖。

② 本尼是鲍恩对德沃托的昵称。

③ "奥加拉拉""小蓝河""斯里福克斯"和"象山村"是美国的地名。

④ 曼丹人、阿里卡拉人和黑脚人是北美原住民的不同分支。

⑤ 小阿瑟·迈耶·施莱辛格（1917—2007），美国历史学家、社会评论家和公共知识分子，著名历史学家阿瑟·迈耶·施莱辛格的儿子，其作品《约翰·肯尼迪在白宫的一千天》获得 1966 年普利策传记奖。

对世界的责任毫不怀疑。"[7]

　　施莱辛格解释说："从波兰被入侵到珍珠港被偷袭这段怪异且晦暗的时期，德沃托从未动摇他鲜明的看法。'他们应该说什么？'1940 年 11 月——珍珠港事件的 13 个月前——德沃托写到总统候选人，'简单的、基本的、容易理解的东西……就像世界正在燃烧。除非你清醒过来，做点什么，否则美国将被烧毁。'"[8]

　　因此，整个美国的孤立主义者都在指责德沃托"歇斯底里"。[9]

　　施莱辛格补充道，尽管热爱大陆腹地，但德沃托"也被在这块相同的腹地上感受到的安全激怒了"，心脏地带的美国人躲在他们的"草丛和花堆"后面是"多么舒适和安全"，即使欧洲人正在遭受野蛮人的攻击，以致德沃托要"警告美国中西部地区的沾沾自喜和孤立主义"。这些警告是在 1940 年夏天乘车穿越美国的旅行途中发出的，德沃托的同伴——当时刚从英国剑桥大学完成一年研究生课程的施莱辛格欣然回想起。正是德沃托指导施莱辛格并教他美国西部的地理优势是如何将美国引向确切而又前所未有的国际命运的。用施莱辛格的话来说，德沃托视充满活力的、向西推进的美国为"救世主，将自己的自由制度传播给不幸的人们"。[10]德沃托主张人道主义干涉，而且不需要任何道德理念。他通过观察和深思大陆的地理条件得出了这个结论。他首先是个倾听者。美国西部的土地教会了他所需要知道的一切。

　　"德沃托不是一个与世隔绝的学者，"斯蒂芬·爱德华·安布罗斯（Stephen E. Ambrose）① 后来写道，"他实地观察，徒步、骑马或者

-----

① 斯蒂芬·爱德华·安布罗斯（1936—2002），美国历史学家，美国前总统艾森豪威尔和尼克松的传记的作者。

乘独木舟。他游历了他笔下人物所去过的地方，看到了他们所看过的，倾听了他们所说过的话，并为保护他们的世界而据理力争。"[11] 德沃托是走在他时代之前的环保主义者，这更多是源于他对美国历史的深爱，而不是对于地球在美学意义上的爱。对于德沃托来说，西部地区的历史意义是解放，因为正是西进运动扩张到大平原，战胜了奴隶制度（因为缺水的美洲大沙漠无法支撑以棉花种植为主的种植园经济）。这位普利策奖和国家图书奖得主——一位典型的自由国际主义者和环保主义者——在其晚年与在学术领域同埃德加·胡佛（J. Edgar Hoover）① 和参议员约瑟夫·麦卡锡（Joseph McCarthy）② 斗争的阿德莱·史蒂文森（Adlai Stevenson）③ 建立了深厚的友谊，但可悲且令人难以置信的是，现在的人不再阅读德沃托的著作了。在越南战争后的学术界，将美国历史简化为罪恶的奴隶制度和"种族灭绝"的趋势没有给德沃托对 19 世纪美国西部表述清晰、研究扎实、内容完整的重现留下空间。

正如我父亲有益于时代又落后于时代，德沃托也是这样。

德沃托在他最伟大也最重要的书——《1846：决定之年》的开

---

① 埃德加·胡佛（1895—1972），美国联邦调查局第一任局长，任职长达 48 年。他利用联邦调查局骚扰政治异见者和政治活动分子，收集整理政治领袖的秘密档案，并使用非法手段收集证据。由于他掌管联邦调查局时间过长且争议过多，现在联邦调查局局长的任期为 10 年。
② 约瑟夫·麦卡锡（1908—1957），美国政治家、共和党人和反共产主义者。1946 年，他依靠反共观点当选为参议员。他是美国国内反共、极右的典型代表，掀起了以麦卡锡主义为代表的反共、排外运动，涉及美国政治、教育和文化等领域的各个层面，其影响至今仍然可见。
③ 阿德莱·史蒂文森（1900—1965），美国政治家，曾于 1952 年和 1956 年两次代表美国民主党参选美国总统，但皆败给艾森豪威尔，被他的支持者称为"美国从来没有过的最好的总统"。

篇引用了亨利·戴维·梭罗（Henry David Thoreau）^①的话："向东行迫于武力；向西行源于自由……我必须朝着俄勒冈而不是欧洲走去。"[12]

　　这里的俄勒冈指的是当时的俄勒冈地区，包括现在的俄勒冈州、华盛顿州、爱达荷州以及蒙大拿州和怀俄明州的部分地区。按照德沃托和梭罗的意思，朝这个方向走，不是走向今天所认为的内向和狭隘，而是远离仇恨和旧世界的束缚，走向进步和自由。正是在1846年美国坚定地走上了这条路。这一年正值詹姆斯·诺克斯·波尔克（James Knox Polk）^②担任总统，波尔克构想并密谋了美国领土的扩张，兼并了1803年路易斯安那购地案（Louisiana Purchase）中所购土地以西几乎相同大小的土地（俄勒冈地区、加利福尼亚、得克萨斯，以及当时知名的新墨西哥），从而征服了美洲大沙漠。

　　这位被称为"小胡桃木"的波尔克是何许人也？德沃托以他典型的充满激情的风格回答了这个问题。尽管对于地理保持着狂热，但他知道关键人物是怎样塑造历史的：

　　　　他曾是安德鲁·杰克逊^③在众议院的代言人和政党领袖……曾被拔擢为众议院议长，并担任过田纳西州的州长。

---

①　亨利·戴维·梭罗（1817—1862），美国作家、哲学家、超验主义代表人物。他反对美墨战争，一生支持废奴运动，其长篇散文《瓦尔登湖》被公认为美国文学中最受读者欢迎的非虚构作品。
②　詹姆斯·诺克斯·波尔克（1795—1849），美国政治家、第11任总统。他在四年任期内，完成了对选民的四大承诺：降低关税、恢复独立国库制、解决俄勒冈边界问题、取得加利福尼亚地区。
③　安德鲁·杰克逊（1767—1845），美国第7任总统、首任佛罗里达州州长、民主党创建者之一，杰克逊式民主因他而得名。

但这种纽带关系也造就了其唯命是从、严守标准的特点。波尔克的头脑是僵化、狭隘、固执的，远不是第一流的。他由衷地认为只有民主党人是真正的美国人，辉格党人要么被英国人愚弄了，要么收取了英国人的好处……他是傲慢、多疑、有城府的，没有幽默感，睚眦必报，并同间谍、恶棍来往。他是美国当时具有代表性的南方政治家，到他总统任期结束时国家没有分裂但已经出现了这种倾向。

虽然他的心胸是狭隘的，但他的意志是强大的，他是有胆识的。虽然他是循规蹈矩的，但他的正直是绝对的，他不会害怕，不会被操纵，不会屈服。没人可以吓唬到他……此外，他知道如何把事情做好，这是政府的第一要务，而且他知道他想要做什么。

德沃托斩钉截铁地称，波尔克在 1845 年到 1849 年总统任期内的劲头和奋发程度可以比肩林肯之前的任何一届政府。在杰克逊和林肯之间，波尔克是唯一强大的总统，白宫能够代替国会统治美国。"这就是，"德沃托写道，"詹姆斯·诺克斯·波尔克。"[13]

尽管波尔克对于西部的认知是"浅薄和不准确的"，但考虑到大陆温带地区的地理学思维方式，他还是足以完成使命的；他在思维方式上的顽固以及主张向西扩张的人们——他们甚至在看到西部之前就已经喜欢上了那里——的难以形容的精神能量都源于地理的力量。[14] 而这种精神能量正是《1846：决定之年》一书所关注的。德沃托是一位民族和文化精髓的大师，他在具体的实例中小心翼翼地固守这些精髓，从而避免陈规旧念。命定扩张论是原始、残忍和贪婪的，但它是不可否认的历史运动，也是明确的时代意愿。显然，如果没有它，美国将无法实现 20 世纪在欧洲和亚洲的成就。

　　在早期，德沃托在对 1846 年的美国的全景式展现中，特别放大了斯蒂芬·福斯特的音乐。"他身后一百年，你只需弹奏《我的肯塔基故乡》（*My Old Kentucky Home*）或《故乡的亲人》（*The Old Folks at Home*）起始的几个小节，就可令所有美国人泛起对往昔的满满怀念，或是将所有听众——不论是入籍的捷克裔、美国革命女儿会①的成员，还是南卡罗来纳州的主教——紧密地联合在一个统一且了解自己的民族中。"德沃托的观点是，在他写作的时候，19 世纪 40 年代的美国同 20 世纪 40 年代的美国之间存在着一道几乎无法逾越的心理障碍。19 世纪 40 年代的美国没有像 20 世纪 40 年代的美国那样悲观思考。沃尔特·惠特曼（Walt Whitman）②的诗歌当然不是悲剧，纳撒尼尔·霍桑（Nathaniel Hawthorne）③作品的悲剧色彩也不及其忧郁的程度。赫尔曼·梅尔维尔（Herman Melville）④的《白鲸》（*Moby-Dick*）也只是初现端倪，不会影响未来几十年的文化。内战的蹂躏远在未来；而墨西哥战争的道德悲剧才正要开始。的确，怀疑——这种现代情感，是对上帝虔诚信仰缺失的结果——还没有出现。19 世纪 40

---

① 美国革命女儿会是一个非营利、非政治性的妇女志愿者服务性组织，成立于 1890 年，1896 年成为国会授予特许状的群众性组织，其成员必须是美国独立战争时期爱国者嫡系后裔中的女性。

② 沃尔特·惠特曼（1819—1892），美国著名诗人、人文主义者，创造了诗歌的自由体，代表作是诗集《草叶集》。

③ 纳撒尼尔·霍桑（1804—1864），美国心理分析小说的开创者，也是美国文学史上首位写作短篇小说的作家，被称为 19 世纪美国最伟大的浪漫主义小说家。

④ 赫尔曼·梅尔维尔（1819—1891），19 世纪美国最伟大的小说家、散文家和诗人之一，与霍桑齐名。他生前没有得到应有的重视，20 世纪 20 年代开始声名鹊起，被普遍认为是美国文学的巅峰人物之一。

年代仍是新教徒"露天集会"（Camp Meeting）的时代，了解那个时代最可靠的情感路径是福斯特的歌曲——《噢，苏珊娜》（*Oh!Susanna*）及其"不朽的快步舞"、《金发的珍妮》（*Jeanie with her light brown hair*）、《坎普敦的赛马》（*the Camptown races*）等等。尽管正如德沃托所写，19世纪40年代的美国被种族和地区矛盾分裂，但这也体现出一种"情感的共性"，纯粹而真实。我们是"一群直率的人，有着随时准备好的真诚泪水以及不能克制也不能保持的精力"。[15]这些人即将在墨西哥发动一场"没有预谋的战争"，同时在西部建立一个新的家园。这项事业夹杂着恐怖的罪行、狭隘的妒忌，甚至种族灭绝的本性。福斯特朗朗上口而又难以忘怀的旋律是这股活力和劲头的背景音乐。

德沃托又转而谈及山人 ① 詹姆斯·克莱曼（James Clyman）。克莱曼于乔治·华盛顿执政的1792年出生在弗吉尼亚州福基尔县的"一座庄园里，这座庄园属于华盛顿，克莱曼曾亲眼见过他"。克莱曼"在他加利福尼亚州纳帕的大农场去世，那年是1881年，切斯特·阿瑟（Chester Arthur）② 执政时期。克莱曼是一个闯荡西部的男人"。[16]德沃托就是这样书写地理的：通过个人以及那些巨大的客观力量。克莱曼充满冒险精神的生活引起了关于落基山脉孤独和危险、印第安人战团，以及缺水——较东面森林和大草原的孤

---

① 山人特指18世纪后期至19世纪前期美国西部的白人冒险家及开拓者。他们爱好和平，不为追求名誉或利益而探险，与原住民、白人，以及大自然和谐相处。

② 切斯特·阿瑟（1829—1886），美国第21任总统。他原为詹姆斯·加菲尔德的副总统，于1881年7月2日加菲尔德遇刺身亡后继任总统。他在任职期间签署了《排华法案》和《文官改革法》。

独和危险而言，落基山脉的这些不利因素是扩张的更大障碍——的讨论。现今美国人的性格在某种程度上仍体现出那些孤独的边境特点。美国贪婪的资本主义形式，以及举国上下本能的、心照不宣的——在地球各个角落部署海军和空军，有时甚至是海岸警卫队——共识正是其标志。尽管公共用品是缺水的美洲大沙漠以及最近的城市化文化所产生的后果，但那些孤独的产物仍然在美国的行动以及外交政策中引起强烈的共鸣，德沃托的作品提供了对于这一现象的初步见解。他在 20 世纪中叶感知到了干涉与不干涉之间的对立状态。

在《1846：决定之年》一书中，德沃托用大量篇幅写了摩门教徒和印第安人。他形容摩门教是"福音派教义的大型滤污器。所有曾被美国的新教异端鼓吹过的东西——禁欲主义总是例外——都曾被摩门教采纳或宣扬"。一路向西对于摩门教徒意味着草原上的蚊子、响尾蛇，时不时地购买大篷车轮子，没有牛饲料，也没有足够的猎物。每一处营地都变成了一座医院。"但这是基督的教会。摩西带领他们走出埃及，他们将要获得自己的土地并逐渐建立起王国。"带领摩门教徒向西到达大盐湖的是杨百翰[①]，他给予追随者"安全、财富和力量"。德沃托称他为"美国最重要的殖民者"，因为他为美国占据了大盆地[②]。德沃托继续写道，摩门教徒是"一群勤劳坚强的家伙"，他们发现了"贫瘠荒凉的土地……要记住，在贫瘠土

---

① 杨百翰（1801—1877），耶稣基督后期圣徒教会（即摩门教的正式名称）的第二任领袖，为躲避宗教迫害，他率领耶稣基督后期圣徒教会教友长途跋涉来到盐湖城并定居下来。

② 大盆地是美国西部科迪勒拉山系中的高原性内陆盆地。西为内华达山脉和喀斯喀特山脉，东为瓦萨奇山脉，北面是哥伦比亚高原，南边为科罗拉多高原。

地上劳作而产生的热爱比肥沃土地所激发出的感情更深"。正是以这种方式，干旱的西部和被轻微污染的落基山脉的壮观地理景色，成了美国特征的标志（更不用说得克萨斯州——从第一批移民发展到现在的居民——有一种充满激情的占有感）。尽管存在"疯狂的教义"，但摩门教徒成了德沃托的人类形态工具，用以解释荒芜的西部——景观消失在闪着微光的远方——所引起的水平空虚感是如何产生影响并使身处其中的人仍然认定自己是美国人的。[17]

德沃托主要通过弗朗西斯·帕克曼（Francis Parkman）的著作来描写印第安人。帕克曼毕业于哈佛大学，是一个苦修的婆罗门，为了同印第安人住在一起，他于 1846 年向西出发，6 月到达怀俄明州荒原上的拉腊米堡，这里被德沃托称为"以赛亚的沙漠"（the desert of Isaiah）。帕克曼可能一直是古板和精英主义的，但他对所见的描述是第一手的也是一流的——他的日志充满了印第安人的方式、信仰和传统，因此不能轻易忽视。德沃托引用帕克曼的话来感叹印第安人："非常凶猛、强壮、精力充沛和有男子气概！"然而他们是"新石器时代的人，与身处的 19 世纪 40 年代格格不入"。他继续描述奥格拉拉（Oglala）、阿帕奇（Apache）、波尼（Pawnee）、夏安（Cheyenne）、科曼奇（Comanche）等部落，解释大平原上的印第安人之所以是最凶悍的，是因为他们所处的环境缺乏地理的保护和固有的疆界。[18]德沃托和帕克曼的描述都是具体和坦率的，但不巧的是，他们没有考虑到当今时代的敏感性。德沃托从不在文中使用现今常用的一概而论的"美洲原住民"一词，相反，他使用不同的带有具体特点的部落名称。帕克曼是实际居住在印第安人中的。德沃托本身是一个西部地区的人，在时间和自由生活方式上几乎比现在所有的非印第安人都更接近于印第安人。华莱士·斯特格纳在 1954 年出版的《跨越西经 100 度线》（*Beyond the Hundredth Meridian*）一书中，大体上以更注重分析和悲剧的方式解释了这些问题："工业文明必然会像碱液一样腐蚀部落文明……毁灭印第安人的主要原因不是政治的贪婪、领土的扩张欲或军事力量，也不是白人的病菌或朗姆酒。毁灭印第安人的是文明的工业制成品，钢铁、枪支、针头、呢绒，这些东西一旦拥有就再也离不开了。"[19]

　　德沃托在对那个年代似乎所有人——从波尔克到梭罗，到善变的南方煽动者约翰·卡德威尔·卡尔霍恩（John C. Calhoun）①，再到伟大的落基山脉西部绘图者约翰·威斯利·鲍威尔（John Wesley Powell）②等人——简洁而引人入胜的描写中，有时以残酷、花哨、电影式的方法重现了命定扩张论，它们最终凝结成了悲剧和救赎的故事。这段以"盐碱、灌木蒿、风和水"为背景的历史是现在上学的美国年轻人极其需要知道的，即使这段历史可能永远不会被教授或出现在大多数的教材中，部分原因是学术知识分子加强了审查制度。[20]

　　德沃托记述了 1846 年美国军队穿越荒凉的沙漠，经过长途跋涉到达墨西哥，参加美墨战争的过程。这场战争是赤裸裸的领土扩张行为。他告诉我们美国人是如何陷入这场冲突的，美国人不完全理解这场冲突，他们错误地认为他们参与的每一场战争都是正义的。

---

①　约翰·卡德威尔·卡尔霍恩（1782—1850），美国政治家，曾任参议员、战争部长、国务卿等职。1825 年至 1832 年连续任约翰·昆西·亚当斯和安德鲁·杰克逊的副总统。他是奴隶制的支持者，经常发表措辞激烈的反对北方干涉南方事务的言论，他还主张州有权力废止联邦立法。

②　约翰·威斯利·鲍威尔（1834—1902），美国军人、地质学家、美国西部探险家，以 1869 年的鲍威尔地理探险著称。

因此，这个年轻国家的氛围因 1.7 万人的伤亡而蒙上一层阴影。"这是在黑暗中向前迈步时一种虚弱畏缩的后退，一种来自低级神经而不是大脑的预感。有些东西已经偏离了准绳，根基已经动摇，开始摇摇欲坠。有些东西永远在美国终结了。"在墨西哥，美国已经失去了另一个清白的标志。于是，德沃托将美国内战作为他故事的补充说明。

按照德沃托的说法，美国内战是一场"昨天"同"明天"的较量：昨天是南方建立在棉花作物上的奴隶制和种植园文化；明天是工业化的北方和其对奴隶制的厌恶。在引用了林肯关于为什么"地理上讲我们不能分开"的话后，德沃托继续解释说："林肯先生告诉他的同胞，获得西部地区使得美国一跃成为一个前所未有的大陆帝国，他告诉他们绝对不能允许'昨天'将它巴尔干化。"[21] 林肯对于西部地区的了解来自他在伊利诺伊州大草原以及沿密西西比河游历的经历，德沃托在 20 世纪中叶不得不重新教授我们这些知识。现在又到了重新教授的时代，因为技术诱导我们认为地理是无关紧要的。

《1846：决定之年》可被视为德沃托对于向西扩张——以及地理和实现向西扩张的人类原始欲望之间的相互作用——的粗线条论述。三部曲中的第二部——《穿越广阔的密苏里》（*Across the Wide Missouri*）于 1947 年出版。此书将落基山脉的毛皮贸易作为写作的组织原则，以更狭小、更深刻、意识流的方式切入主题。书中，德沃托对比了林肯西面的大草原——这里是上帝之地，土地肥沃，足以供养一个大陆的人口——和密苏里河以西的美洲大沙漠，后者的干旱构成了美国新兴帝国扩张中最关键的不连续性。草原和沙漠都是平坦且没有树的，但是草原有水和茂盛的植被，而沙漠缺水，因此植被稀疏。草原是阿巴拉契亚山脉向西的自然延伸，沙漠是不管怎样都必须克服的障碍。事实上，征服沙漠是技术、社会和政府监督共同作用的结果。这些因素都是德沃托大力支持的，即使他谴责被神化的边疆个人主义。德沃托从来都是一位自由主义者。

德沃托将美洲大沙漠，即现在被人熟知的大平原，同"鞑靼大草原"（the steppes of Tartary）比较。开拓者们——在所有关于他们的传奇故事中德沃托凭直觉感知他们的想法，以某种方式穿越了美洲大沙漠和落基山脉，以便到达土地更加肥沃适宜和"风和日丽"的俄勒冈——将这里比作肯塔基，因为他们爱上了它，尽管它远在千里之外，很少有人看到过它。[22]

在紧邻大平原的草原上坐落着异国情调的圣路易斯（St. Louis），作者称其为"西部水域的女主人"（mistress of the western waters），密苏里河在这里汇入密西西比河。1883 年，蒸汽轮船时代即将到来之时，圣路易斯有 7000 人口。"印第安人、捕猎者和探险家给鹅卵石街道带来了野蛮的色彩，他们都属于西部，早在杰斐逊购买路易斯安那地区很久之前，他们就将一个古老而富有的贵族扛在肩上了。"[23] 圣路易斯是 19 世纪早期和中期毛皮贸易的中心，从这里出发，毛皮猎人在密苏里河、普拉特河、黄石河和格林河等河流系统的帮助下，穿越大平原，越过科罗拉多州落基山脉的最高山脊，到达另一侧，即今天的怀俄明州和犹他州。圣路易斯聚集了众多的人，这里的故事和冒险活动不比当时世上其他任何一个地方少，人们活着且满载毛皮而归，并准备再次出发。20 世纪 80 年代，外国记者知道了类似早期圣路易斯的地方：白沙瓦（Peshawar）和贝鲁特（Beirut）。他们尝试从这些地方进入遭受战争破坏的阿富汗和黎巴嫩。

这里也有山人，他们通常与毛皮商人难以区分。他们每次远

离欧洲文明数月，进入提顿山脉（the Tetons）这样"巍峨峥嵘"的
地方和斯内克河峡谷（Snake River Valley）这样"秀丽婀娜"的地方。
正是通过他们，印第安人被纳入毛皮贸易，白人同他们交易毛皮和
其他一些小装饰品。这使得德沃托忙于多篇有关这些部落的专题论
文。弗拉塞德部落（Flatheads）、内兹佩斯部落（Nez Perces）、乌鸦部
落（Crows）和特拉华部落（Delawares）都展现出不同程度的友好，
而"日耳曼风格的"黑足部落（Blackfeet）则是这些部落中最"铁血的"：

> 他们的骄横傲慢、他们的军事自豪感和恪守礼仪、他
> 们对于荣誉一丝不苟而敏感的野蛮行径，以及石器时代心
> 智下的幼稚喜好——身着华丽的制服踢正步——延续到了
> 19世纪，这在今天是很难理解的。[24]

在基调上，这与早几个世纪欧洲殖民者对于非洲部落的描述有点
不同。这是带有种族色彩的冷漠无情，按照现代标准是欠妥的。这也
是德沃托声誉上的污点。但他承认，印第安人是"白人殖民者所建立
的金融控制体系扩张的第一受害者，该体系侵占财产、操纵信贷、掠
夺资源，将西部生产的无论什么财富都通过运河运往东部"。[25]

考虑到他丰富的信息量和叙述性的行文风格，更不用说他不曾
减弱的激情，德沃托关于美国原住民的令人遗憾的观点根本不能构
成我们遗忘和忽视德沃托美国西部经典著作的理由。他堪称20世纪
最伟大的英语游记作者，举个例子，他是这样描写缓慢前行的大篷
车车队所处的环境的：

> 炙热的骄阳，钢白色的苍穹，褐色而呛人的沙尘漫

天飞扬。因强光而眯起的双眼，眼睛因碱而泛红。碱所
散发的味道就好像化学实验室里不可名状的污秽，但不足
以掩盖高温下的鼠尾草所散发出的像松脂和树脂一样的恶
臭——直到格林河刮来的风将沙尘暂时吹走，肺才暂时享
受到干净、清爽的空气。对骡子顽固的咒骂声在天地间极
其微弱。[26]

这是 1836 年的大盆地。确实，读德沃托的书时有一种曾经就是
这样的感觉。我们只能通过文献知道当时的情况。因此没有德沃托
的文献，我们不能完全理解美国——作为一个巨大的、刚刚被征服
的大陆在越来越小的世界中——的现状。

《帝国的进程》（*The Course of Empire*）出版于 1952 年，是德沃托
"西部三部曲"的完结之作。它始于西班牙探险家阿尔瓦·努涅斯·卡
韦萨·德·巴卡（Álvar Núñez Cabeza de Vaca）和弗朗西斯科·德·科罗
纳多（Francisco de Coronado）从墨西哥出发的第一次激昂的北上探险。
他们没有完全认识到他们探险发现的重大意义，因为在北美大陆的
温带地区没有黄金城市和大量原住民供他们掠夺，这里肥沃的土地
需要辛勤的劳动才能有收获。三部曲的第三部以刘易斯和克拉克 ①
看到太平洋为结尾，与西班牙人不同，他们对于自己的发现有完全
的认识。在书的中间部分，北美的地缘政治被慢慢地认识。13 个殖
民地最初抱有的太平洋国家的幻想终究实现了，还连同一条从太平

———————————

① 刘易斯和克拉克远征（1804—1806）由杰斐逊总统发起，是美国国内首次横越北美大陆，
西抵太平洋沿岸的往返考察活动，领队为美国陆军的梅里韦瑟·刘易斯上尉和威廉·克拉克少尉。

洋到达印度的航线。

　　"一个界定美国的事实是，其民族边界和帝国边界是相同的，"德沃托解释说，"另一个事实是，它是一个占据着非常连贯的——大陆范围的——地理单元的政治单元。"[27] 美国的伟大，归根结底是建立在一个民族、一个帝国和一个大陆融为一体的基础之上的。如果它的实现真的是由一个受帝国思想驱动的地理事件促成的，那一定是路易斯安那购地案——这也是刘易斯和克拉克远征的任务。正如德沃托所指出的，在 1803 年杰斐逊和拿破仑的领土交易之后，"美利坚合众国"（these United States）在英文中的表达渐渐由原先的复数形式演变成现在的形式（the United States），并后接第三人称单数动词。尽管后来爆发了内战，但大陆的充实有助于国家南北的统一。地理注定如此。

　　中西部草原的河流系统是德沃托论证这种天然统一的主要例子。美国可通航的内陆水路比世界其他地方加起来的还要多。这可以说是其经济伟大的原始因素。"地图上的河流看起来像一片叶子上的脉络。迈阿密河、沃巴什河、伊利诺伊河、威斯康星河……俄亥俄河、中密西西比河，以及弓形流经大陆汇入密西西比河的密苏里河。"因此，穿越阿巴拉契亚山脉的开拓者们发现，自己身处平坦的心脏地带，到处都有河流经过，"没有什么可以同其他东西分开……所有的文化、所有的家族、所有的思想和所有的情感习惯都交融在一起……土地的这种连续性和整体性……是一种向心力，一种统一的民族建构的力量"。[28] 定居中西部草原消除了不同移民群体的差异，将他们纳入同一种民族文化，为探索并最终克服危险而浩瀚的美洲大沙漠和落基山脉在地理上的分裂，提供了基础。

　　已故的杜克大学学者路易斯·J. 巴德（Louis J. Budd）写道："在

深入美国人性格骨髓的部分，仍然回响着大篷马车的传奇事迹，这使得现在的女性要求成为坦克指挥官和战斗机飞行员。"按照巴德的评价，没有人能像德沃托这样以"引起共鸣而又切中要害"的散文来表现故事。[29] 然而，文学批评家们，尤其是越战后的那些美国批评家们，从来没有真正认可过边疆文学——边疆与他们所处的都市环境差别较大，边疆文学开创性地强调实践，而不是思考或想象。边疆诠释了威廉·卡洛斯·威廉斯（William Carlos Williams）[①] 在长篇叙事诗《佩特森》（*Paterson*）中的劝诫——这里"没有想法，只有事实"。[30] 这与 20 世纪初以来占据主流地位的现代主义和后现代主义抽象派背道而驰。这是威廉斯本人的认可度不如埃兹拉·庞德（Ezra Pound）[②] 和 T. S. 艾略特（T. S. Eliot）[③] 的一个原因，尽管他是比他们更优秀的诗人。由此，我们可以为德沃托被文学界遗忘做出最终的解释：因为德沃托对于西部的描绘就像诺曼·洛克威尔（Norman Rockwell）[④] 的插画一样，他们活跃而具体

---

① 威廉·卡洛斯·威廉斯（1883—1963），20 世纪美国最负盛名的诗人之一，坚持使用口语创作，诗风清新明快，代表诗集有《地狱里的科拉琴》《酸葡萄》等，1952 年获博林根奖，1963 年获普利策奖。

② 埃兹拉·庞德（1885—1972），美国诗人和文学评论家，意象派诗歌运动的重要代表人物。他和艾略特同为后期象征主义诗歌的领军人物。他从中国古典诗歌、日本俳句中生发出"诗歌意象"的理论，为东西方诗歌的互相借鉴做出了卓越贡献。

③ T. S. 艾略特（1888—1965），英国诗人、剧作家和文学批评家，诗歌现代派运动领袖，出生于美国密苏里州的圣路易斯，1914 年结识美国诗人庞德，1927 年加入英国国籍，1943 年结集出版的《四个四重奏》使他获得了 1948 年的诺贝尔文学奖。

④ 诺曼·洛克威尔（1894—1978），20 世纪美国最重要的插画家之一，作品横跨商业宣传与爱国宣传领域。他一生中的绘画作品大都经由《周六晚报》刊出，其中最知名的系列作品是在 20 世纪 40 年代和 50 年代出现的，如《四大自由》与《女铆钉工》等。

的实际经历是不可否认的，他们的刻画是平实的，反对任何理论化甚至反思。当然，就像洛克威尔是一位能力有限的画家（准确地说是插画家）一样，德沃托也是一位能力有限的作家。他当然不是很深刻，他不会以真正文学的方式带给你重要的哲学层面的思考。当知识界快速朝着世界主义的方向转变的时候，他是一位民族作家。正如左翼评论家德怀特·麦克唐纳（Dwight Macdonald）曾宣称的那样，德沃托很可能只是一个"平庸的人"。[31] 但同许多高深之士相比，平庸的德沃托为美国文学和美国的自我意识做出了更伟大的贡献。尽管德沃托明显不是像他所反对的埃德蒙·威尔逊（Edmund Wilson）① 那样的知识分子，但他具有一种对美国地理环境的敏感性，这非常切中美国现今的外交决策。

　　实际上，德沃托的世界观在他 1932 年出版的早期作品《马克·吐温的美国》（*Mark Twain's America*）中就有完整的体现。对吐温产生影响的经历——包括他伟大著作的核心——发生在 19 世纪中期有河流与草原的腹地。这个地方后来成为德沃托《1846：决定之年》一书的背景。密西西比河是北美大陆的大动脉，19 世纪 40 年代和 50 年代的沿岸生活展现了美国人性格发展中的"加速过程"。这是塞缪尔·克莱门斯（即后来的马克·吐温）亲自观察到的过程。为克莱门斯提供了最生动的早期记忆的"蒸汽船时代"，德沃托写道，"完美地体现了美国。即便这个时代的零零碎碎也是重要而有说服力

---

① 　埃德蒙·威尔逊（1895—1972），美国著名评论家和作家，曾任美国《名利场》和《新共和》杂志编辑、《纽约客》评论主笔。他的文学批评深受马克思和弗洛伊德影响，对美国文学批评传统的确立，以及欧美一些现代主义作家经典地位的确立，影响甚大。其代表作有《到芬兰车站》《三重思想家》等。

的——不法之徒在海伦娜（Helena）和纳奇兹（Natchez）的窝点和所有水边的贫民窟；棚屋船以及船上漂泊的游手好闲者；载着药品宣传队、银板照相师、滑稽表演团……流氓、预言家、酒吧老板和嫖客的船，还有河岸边擅自占用土地的人与湿地上不可思议的人。这里是有自己秩序的小宇宙。"[32]

　　当时的一些文学评论家感叹，像吐温这样的天才也没有构建出譬如欧洲那样更丰富、更微妙的社会结构。对此，德沃托厉声回应，这个世界上没有什么比年轻的克莱门斯亲眼看到的——密西西比河的广袤——更具文学财富和价值。尽管吐温在 1885 年的杰作《哈克贝利·费恩历险记》(*Adventures of Huckleberry Finn*) 中描写了欺骗、卑鄙、残忍、种族主义和嫉妒，但他并没有像梅尔维尔在《白鲸》里那样，表现出对美国及其最终的悲剧性结局的幻灭之感。《哈克贝利·费恩历险记》讲述了哈克和黑奴吉姆沿着密西西比河，趁着 6 月上涨的洪水顺流而下的精彩冒险故事。在德沃托看来，该书谈到的北美大陆的雄伟壮观，以及美国人头脑的精明是这个国家在未来——事实上是 20 世纪中叶情况最糟糕的几年——能够加以利用的。哈克乘着木筏，沿着后来"低纬 48 州"高速公路的方向顺流而下，德沃托写道："丰满的冒险旅程完整地塑造出了美国。"[33]

　　同样的话也可以用来评价德沃托本人。当思考我们在世界上必须做什么，或者不该做什么时，我们必须思考我们是谁，以及我们过去是什么样的。我们必须思考作为一个民族我们从何而来，因为北美大陆的开拓者还包括最近来自印度、中国和墨西哥的当代移民。这是理解美国同其他大陆和其他国家的关系所不可或缺的途径。德沃托同其他人一样了解它的轮廓。他的作品梳理了 19 世纪新兴共和国在地理方面的一手材料，是理解当今美国必不可少的。

第三章　南北地理环境札记

　　所以我在父亲的激励和德沃托的指引下离开了。这是最终的旅行。与我任意一次穿越阿曼、阿富汗和中国的旅行相比，更是如此。这是我儿时就常常向往但因为家庭环境而没能实现的旅行。我最近一次游历美国还是在 20 多年前，即 20 世纪 90 年代的中期，当时作为记者和旅行作家的我走到哪里，就在哪里做访谈、写简短的人文志。这些访谈向我展示了一块处于变迁中的土地，引人注目、充满活力而又残酷无情。濒临破产且没有希望的内陆城市，荒漠中盲目崇拜武力和国家的死里逃生者，无论高雅还是低俗、一路北上的拉丁文化，脱离传统爱国主义的环保主义者，亚洲和拉丁美洲口音的全球文明在——特别是西北太平洋沿岸的——兼容并包的城市里萌发。到处都有人认真地关注他们自己的地方志。发展水平越高，越要挖掘更多这类有用的历史。我也看到了流水线一样的赌场，对印第安人保留地的社会性破坏，另外，位于大陆深处的内陆地区依赖于世界经济及其无数的可能性。

　　但这次我需要一个完全不同的更加理性的游历体验，不是作为一名旅行者，也不是作为一名记者，而是作为一名分析师。旅行者和记者经常与人交谈，谈话内容会影响游历体验和感受。分析师会思考那些没有说明但显而易见的东西。一名分析师是在缄默中工作的。我想保持缄默，以便能全身心思考美洲大陆，以及它在 21 世纪将要和应该充当的国际角色。这将是一次关于美国的世界地位形势的沉思。要知道，我并不是想完全缄默地思考这个问题，而是想倾听隔壁桌子人的交谈。如果你直截了当地问人们诸如政治和外交政策等问题，他们往往不会摆出一个立场。毕竟，他们不认识你，可能不愿意被公开引用，而且他们回答你的问题，并不总是意味着他们真正关心你所提出的问题。因此，他们的回答并不意味着被问到的问题在他们的生活中是至关重要的。所以我想偷听人们同他们的朋友和熟人的谈话，我想了解他们真正关心和关注的东西，并连同我所观察到的其他所有东西一起思考。我在国内四处旅行，有时比在华盛顿参加各种会议和活动更能清楚地思考美国的外交政策。当然，这种方法也有缺陷，但至少与之前穿越美国的旅行相比，它可能让我有不同层面的感受和体验。

正如惠特曼在他的《大路之歌》（Song of the Open Road）中写到的，我"消除了闷在屋里的晦气，放下了书本，摆脱了苛刻的责难"。我只想在思考美国的世界地位，并制定相应的战略对策前，看看这之外的东西。

我应该说，美国在这个世界上的地位——尽管全球化是不可否认的，其特性也已变得更丰富、更复杂和更具世界性——主要朝着好的方向发展，但国家凝聚力作为特殊主义的基础仍然是需要的。如果没有这种凝聚力，诸如推行有效外交政策等等就是不可能的。所以但凡合适，我都会说我们的和我们，即使我注意到——考虑到全球读者——编辑们越来越回避使用这样的表达方式。因为政府高层开会讨论重大问题时，都会有意识地使用我们的和我们，所以我也必须这样做。这仍是我要动身穿越的国家。

　　2015 年总统初选开始前的静谧的春天，我从马萨诸塞州斯托克布里奇（Stockbridge）的家中出发，棱角分明的老房子和教堂尖塔一字排开，这是早期定居者生活过的确证。在这个多风而空旷的地方，胡萨托尼克河（Housatonic River）和大卵石墙显示出斯托克布里奇一度是边境。18 世纪早期，斯托克布里奇与几座邻近城镇，位于欧洲移民在北美定居点的西部边境附近。正如我说过的，生活在边疆需要的不是想象，而是实践：清理土地、建造住所、获取食物。边疆对意识形态的考验是无与伦比的。这里没有时间研究理论。这就是为什么最终美国没有接纳法西斯主义，或其他更温和形式的乌托邦主义。理想化的概念在美国很少扎根，因此知识分子不得不向欧洲寻求灵感。这里的人们忙于赚钱——这当然是边疆精神的延伸——并强调实践的主动性。

　　也许是新英格兰地区和北美东部其他地区的极端气候——潮湿、寒冷和油腻的暑热——不仅影响了美洲原住民文明，还导致了取而代之的欧洲文明比其在欧洲时更具实用性和功利性。美国人拒绝一切主义，这是好事。已故的前美国国会图书馆馆长丹尼尔·布尔斯廷（Daniel J. Boorstin）[1] 写道，即使是"欧洲启蒙运动，事实上也与 17 和 18 世纪樊笼中的精神禁锢没有差别"。布尔斯廷认为，启蒙运动"本身就具有它所要打击的那种僵化和威权主义"。启蒙运动过于科学化、理性化和决定论化。在马萨诸塞州西部以及其他冷峻

---

[1]　丹尼尔·布尔斯廷（1914—2004），美国历史学家、博物学家，其最重要和最有影响的著作是《美国人》三部曲和人类文明史三部曲。

棘手的边境地区，启蒙运动遭遇现实而被打磨成"常识"和"自证"的实用性智慧。[1] 在欧洲，理想可以是美好或是自我解放的；但在美国的边境地区，理想首先要表现出可以衡量的结果。

在沙龙中，安逸的启蒙运动者将这个国家看作正确而理性的进步工具；而对于阿巴拉契亚山脉尚未被开发的一侧来说，国家只要没有阻碍发展就是好的。由于启蒙运动是一种智力上的觉醒，因此它不可避免地是精英主义的；而常识性的口头生活信条则是自下而上的，也就是说，美国的政教分离不是美好的理想，而是对这样一种事实的实际反应：坚毅的开拓者们的乐观主义和自由思想产生了不同的新教教派，它们都无法支配新的政治体制。这些教派在新英格兰地区激烈地争夺信徒。这是有史以来相对较少的时期之一，信仰纯粹是一个选择问题。这种自由的宗教竞争和随之引发的狂热被称为大觉醒运动（Great Awakening）①。确实，美国的民主是特定的文化与恶劣的地理环境相互作用的产物。

当地原住民是地理环境的一部分。斯托克布里奇的印第安人告慰了大觉醒运动中最严厉的加尔文教徒乔纳森·爱德华兹（Jonathan Edwards）② 的灵魂。爱德华兹挑起了马萨诸塞州北安普敦远东地区的教义论战，身陷论战漩涡的他最终失利并被迫离开，于 1751 年来到斯托克布里奇向印第安人传授福音。为感谢他们在美国独立战争中

---

① 大觉醒运动是发生于 18 世纪中期北美殖民地的一场反对宗教专制、争取信仰自由的思想解放运动。该运动以宗教复兴为旗帜，矛头指向官方教会，以"灵魂自由"为口号，鼓吹民主平等、信仰自由、人民主权和反暴政的革命思想。

② 乔纳森·爱德华兹（1703—1758），18 世纪启蒙运动时期著名的清教布道家，推动北美殖民地的大觉醒运动，引导日益脱离高教权主义的民众重新归向基督教。他著名的演讲《罪人在愤怒的上帝手中》描绘了地狱的恐怖和罪人的必然堕落，引人归向上帝的怀抱。

完成的侦察任务，这里的美洲原住民被最早授予了美国公民身份。但这只是局部情况，更宏观的整体情况才更为关键。

在 1675 年至 1678 年的新英格兰地区，发生在美洲原住民和英国殖民者之间的菲利普王战争 ① 的残酷程度堪比任何一场在欧洲发生的暴行，原住民和白人平民——其中许多是儿童——是这场大屠杀的主要受害者。白人定居者的损失确实是惨重的，但是战争结束时，新英格兰南部地区的原住民几乎灭绝了。虽然马萨诸塞州西部的美洲原住民表现得更好，但发展进程本身以及臭名昭著的土地交易将他们驱赶到保留区中。一个可怕的事实是——正如菲利普王战争所证明的那样——清除印第安人对于白人定居者来说是非常实用的，同样的经过磨难的实用性智慧，使得启蒙运动的一些脱离现实生活的观念无法被冷酷而务实的北美定居者接受，也否定了同原住民共同居住的可能性。还有一个更加令人不安的现实：如果新资本主义社会——允许将个人置于集体之上的社会——被本土文化稀释和改变，那么几个世纪以来，美国在国内和国际上所取得的大部分或全部成就可能就只是无稽之谈。

根据其希腊词根，历史只是一种叙事，而丰富且深刻的叙事往往是无法解析的。美国的叙事在道德上也无法解析，因为这个在 20 世纪大冲突中拯救了人类的社会也是建立在巨大的罪恶之上的——奴隶制以及针对原住民的种族灭绝。（当我在旅行途中思考美国在

---

① 菲利普王战争是发生在 17 世纪晚期北美殖民地的一次种族冲突，是印第安人和英国殖民者间爆发的一次大规模战争，在北美殖民史上影响重大。梅塔科迈特是印第安万帕诺亚格人的首领，英国人称其为"菲利普王"。他率领族人于 1675 年夏发动了对新英格兰殖民地的攻击，冲突持续了一年左右，最后以英国殖民者的胜利而告终。

世界上所扮演的角色时，衡量二者的关系变得越来越困难。）

　　然而，历史也可以是思想的故事，思想越有用，历史越伟大。美国是反思想的：哲学家一般懂的不如大众多，大众只顾追求自己的利益，往往知道的最多。这种民粹主义怂恿狭隘、残酷和野蛮，不可能成功地运用在所有的地方，即使美国人——大觉醒运动时期的传教热情时至今日仍然存在于我们心中——相信它是可以的。尽管如此，作为边疆生活所不可避免的情况，美国的民粹主义在新英格兰地区破土而出，并推翻了欧洲既定的等级制度。[2]

　　我向南穿过了康涅狄格州和纽约州，在长岛北岸遇到了大海。

　　萨加莫尔山（Sagamore Hill）的一切都令人心旷神怡。这始于科尔德斯普林港（Cold Spring Harbor）——一条通往长岛海峡和大西洋以外的青灰色通道——中盐沼所散发出的咸味。盐沼背后是一片向东的树林，这片树林帮助1886年建成的——布局凌乱且门廊宽阔的——维多利亚庄园成为经典。空旷的房子内部因橡木制、核桃木制和柏木制的镶板而显得昏暗和华贵，墙上挂的鹿头、羚羊头、麋鹿头、驼鹿头、野牛头，以及地上铺的斑马皮、美洲狮皮和红地毯给人一种极度不祥的感觉。这里是20世纪头十年的"夏令白宫"。这些房间的装饰，包括摆放着暗淡的精装书的巨大书架，散发出一种——现今对其宽容程度要低得多的——纯粹的活力与刚毅，这是西奥多·罗斯福①——人们都知道他每晚都能读完一本书——真正博得的赞扬。

　　很少会有人像罗斯福这样，其精神仍然存在于他本人居住过的

---

① 西奥多·罗斯福（1858—1919），美国军事家、政治家、外交家，美国第26任总统。

位于萨加莫尔山的宅子中。这种继承财富并守住财富的精神伴随着对领土权力的预测和对外国土地在精神上的占有。在白宫的八年时间里，罗斯福可能没有打过一场伟大的战争，但他实际上建立了美国第一支工业时代的海军，而且在某种程度上，他可能是唯一一位明确地认为美国是无可比拟的全球性强国的美国总统。

长岛海峡和萨加莫尔山展示了罗斯福的出身：哈佛大学和东海岸的上层社会。他与生俱来的权利给予他一个平台，没有这个平台，他非凡的一生本来是不可能的。然而，为了成为美国伟大的总统之一，他不得不走上了一条艰难的道路，这有时意味着掩饰他的特权，甚至是放弃他的特权。事实上，罗斯福成为纽约市警察局局长、海军助理部长、美西战争英雄、纽约州州长，并最终成为美国总统，不是因为萨加莫尔山及其代表的东西，而是因为北达科他州的荒原及其代表的东西。在 19 世纪 80 年代的大平原上，年轻的罗斯福从第一任妻子去世的悲痛中恢复过来，成了一个美国人。他经历了土地对于人类，特别是对于他本人的磨炼，并在这个过程中经过充分锤炼而挣脱出来：直率豪爽、体格健壮、带有沙文主义色彩的爱国主义、毋庸置疑的激情和强烈的动力。

他是第一位充分理解征服美国西部的更重大意义——这预示着积极涉入外部世界事务的外交政策——的美国总统。但是，这种霸道的精神使罗斯福同时成为帝国主义者和改革者。这片法外之地——公认的没有温柔的北达科他州——上的酷热、暴风雪、言辞粗鄙又飞扬跋扈的牛仔，以及强烈而令人生畏的空虚感，最终将这个来自东部的斯文的年轻人同残留的欧洲联系分离开。用最具洞察力和格调的罗斯福传记作家埃德蒙·莫里斯（Edmund Morris）的话来说，北达科他州的油井工人们认为他是"一个高高在上的人，但奇怪的是他并没有让他们感到自卑"。罗斯福正是从北达科他州这个偏远地区开始，建立了自己的支持者群体。

长岛海峡可能诠释了弗朗西斯·斯科特·菲茨杰拉德（F. Scott Fitzgerald）[①] 的"新世界"（New World）——充满富有成果的可能性，只受到人类想象力的限制；但它只是这片无垠大陆上的遥远一隅。虽然美国之前就已经有来自西部草原的总统，比如著名的林肯，但当罗斯福开启他的政治生涯时，他同时代表了美国东部的上层社会和西部的新贵。美国在内战结束到 1898 年美西战争爆发期间成了工业强国。这一变革发生在罗斯福有生之年，他本人也置身其中。正如一位英国议员曾指出的，就活力、乐观主义和强大的潜能而言，罗斯福"成就"了美国。[3]

这里是现在的美国：烟雾、油烟、橡胶轮胎的摩擦和对可怕的炼油厂及其橡胶的臭鸡蛋味的记忆。半个多世纪以来，新泽西州收费公路一直是东北部地区最忙碌的高速公路，连通了纽约、费城、巴尔的摩和华盛顿特区，从统计数据来看，航空和铁路仍然是难以企及的。如果你通过 6 号出口进入宾夕法尼亚州收费公路，就像我和父母在 1960 年第一次乘着一辆"奥兹莫比尔 98"（Oldsmobile Ninety-Eight）[②] 时那样，新泽西州收费公路是通往西部门户的一部分，

---

① 　弗朗西斯·斯科特·菲茨杰拉德(1896—1940)，20 世纪美国作家、编剧，著有《人间天堂》《了不起的盖茨比》《夜色温柔》等。他的小说生动地反映了 20 世纪 20 年代"美国梦"的破灭，展示了大萧条时期美国上层社会的精神面貌。

② 　"奥兹莫比尔 98"是一个全尺寸轿车系列，曾经是美国通用汽车公司奥兹莫比尔分部的旗舰型号。

在宾夕法尼亚州收费公路的另一端是俄亥俄州以及同大草原接壤的部分。我知道我在夸大事实，但是正如西蒙和加芬克尔（Simon and Garfunkel）① 的歌词所暗示的那样，这一切都是从新泽西州收费公路开始的。1952 年竣工的新泽西州收费公路，及其连通的主要交通动脉所构成的艾森豪威尔州际高速公路系统，有助于加强大陆的统一，这是美国维持全球性强国地位所依赖的基础，因为美国一直是石油和天然气时代的巨人，直到现在才能预见这个时代的终结。

新泽西州收费公路是这个国家最拥挤地区的中心。那些必须经常旅行的人，或至少在一生中定期旅行的人都深谙此道。用自己记住的休息站的名字来标记行程的人有克拉拉·巴顿（Clara Barton）、莫莉·皮切尔（Molly Pitcher）、文斯·隆巴迪（Vince Lombardi）、乔伊斯·基尔默（Joyce Kilmer）。（有多少人知道基尔默？他是一位多产的诗人、文学评论家和记者，他在 1918 年的第二次马恩河战役中遇难。）

新泽西州收费公路曾体现了"摆脱束缚"：在新汽车时代对距离不可思议的征服。随着人们的生活比以往更加繁忙和紧张，交通堵塞的情况逐年加剧，现在新泽西州收费公路已经显得拥堵不堪，令人焦虑不安。收费公路从问世到现在，美国人口从 1.575 亿增长到 3.2 亿，翻了一番。新泽西州收费公路沿途的景观从来不赏心悦目，但也不特别难看。更确切地讲，新泽西州收费公路在没有风景的地方，就像一条长长的户外隧道，旅客们所能想到的就是到达公路的另一头。这是噩梦般通勤的标志和延伸。因为美国如此广袤，人们总有踩油门的冲动，通勤不仅时间长，而且持续不断；我们人生的

① 　西蒙和加芬克尔是美国著名的民谣二重唱组合，由保罗·西蒙和亚特·加芬克尔组成，是 20 世纪 60 年代最流行的乐团之一，被视为该年代社会变革的反文化偶像。

大部分时间都是浑浑噩噩地度过的。收费公路作为美国经济成熟的直观表现，已经进入了非常成熟的阶段，但就国家的交通基础设施而言，目前正在走下坡路。

我驾车目睹了变革和只是在当地发生的冲突。新道路的延伸伴随着车辆的轻微碰撞和路面的坑坑洼洼。收费公路北部的许多旧炼油厂已经让位给一个巨大的新机场、一个新体育场馆，以及缺少植被的、病态的工业废地。1960年的休息站干净、安静，人们坐在餐桌前等待食物。人不是很多，在种族隔离时期，即使在北方，几乎每个人都是白人。当时不仅是空中旅行，在较低程度上，长途汽车旅行也是上流社会的特权。我认为我儿时唯一一次体验奢华是在美国的公路上。到了20世纪90年代末，这些相同的休息站已经变得拥挤和脏乱不堪，旅客有白人，也有非洲裔美国人，他们只能吃到自助式的垃圾食品。到2015年，这里有了新的变化。这里仍然提供自助式的、带着工业化的油炸味道的垃圾食品，但除此之外，还有各种各样的沙拉、羊角面包、水果、健康的麦片和美味的咖啡。清洁人员马不停蹄地工作，他们中不仅有讲西班牙语的，还有讲其他外来语言的。由于有来自东亚、印度和拉丁美洲的移民，员工们似乎来自世界各地。不同的显示屏上播放着新闻和体育节目。这个国家发生了变化，并将继续变化。安静消失了，特权也是如此。就像机场的安检设施一样，收费公路的休息站彰显了美国伟大的平等。谢天谢地，我儿时同父母在弗吉尼亚州用餐过的种族隔离餐厅消失了。

我不禁注意到收费公路边满是杂草和瓦砾。我想起了我在中国看到的，高速公路旁整齐排列的杨树、连翘和各种开花的树木。中国是新兴的工业和后工业社会；美国则是更老牌的。中国可能拥有初始优势，但在投资不足的情况下，其局限性会限制对基础设施的维护，这可能是对成熟的真正考验。维护——特别是要在排除万难的情况下——是对未来信念的证明。

越过特拉华河（Delaware River）就是东北部的大怪物——全长579千米的宾夕法尼亚州收费公路。到处都是泽西市白色和橙色的圆锥体路障、道路维修和拓宽的指示牌，以及正在作业的工人们。维护是不间断的。

1962年，父母第一次带我到福吉谷时，它是一座有些许荒野气息和田园风光的州立公园。现在它是位于费城西郊外的国家历史公园，毗邻商场、办公楼、高速公路隔音墙和高耸的赌场建筑群。州立公园在设计时保留了华盛顿将军在1777年冬用于休养军队的土地，当时他率领的大陆军遭受了重创。在这里，他的部队避免了全军覆没，并有幸在普鲁士男爵兼教官弗里德里希·威廉·冯·施托伊本（Friedrich Wilhelm von Steuben）的帮助下，被打造成一支统一且训练有素的部队。

距离第一次参观已经过去了半个多世纪，我仍然记得三磅野战炮和六磅野战炮的部件，以及一排排在20世纪四五十年代重建的大陆军（Continental Army）小屋。现在美国公园管理局已经建起了游客中心，彻底改变了这里的环境。这里建有多个停车场，并配有游览电车，还有新修的园内道路，以及更多的历史和其他标识，再加上火炮和小屋，公园本身给人一种非常郊区的感觉。但是，说"我的父母让我有幸拥有对原始荒野的记忆"，是不准确的——原始荒野早在我出生之前就已经改变了。

华盛顿的军队离开福吉谷时，在这里留下了1500间小屋和3.2千米的防御工事。这使福吉谷成为当时美国的第四大城市，1.2万名士兵还烧掉了方圆几千米内所能找到的全部柴火。被华盛顿和他手下人看到的荷兰榆树和栗树都早已消失。福吉谷已经沦为荒地，随着贯穿 19 世纪的工业革命达到高潮，情况变得更加糟糕。福吉谷周围是石灰石采石场和冒着浓烟、肮脏不堪的发电站。1876 年是美国独立 100 周年，加之工业革命引起的美国生态环境的日益恶化，引发了保护像福吉谷这样自然和历史遗迹的运动。我儿时看到的有橡树和悬铃木的景色不是最初的，而是后来修复的。这个国家越发达、人口越多，其历史遗迹被保护得就越好、郊区化程度就越高。但是，除了美学之外，最重要的是要明白，这些历史遗迹被保存下来，得到了高度重视和充满爱意的关注，是一种健康的国家认同的征兆。这种征兆很普通，被忽视了。

　　一名国家公园的管理员向游客们讲解了冯·施托伊本男爵是如何训练大陆军的，从行军方式到战斗序列，再到小队构成。这位普鲁士男爵为现今在阿富汗和伊拉克驻扎的士官军队奠定了基础。在某种程度上，美国首先建立起一支军队，然后建立起一个国家。这恰好于 1777 年冬在此地发生，因此福吉谷是美国的摇篮，关系到我们是谁。这就是为什么我在人群中发现了许多亚裔和印裔的移民家庭，身着纱丽的母亲小声地告诉她们的孩子听管理员的讲解，特别是在华盛顿的小指挥部中，他们被告知这是当时的"五角大楼"。美国是一个悖论。尽管建立之初受到了军队的保护，但这个血与土国家的价值取向既不是军国主义的，也不是基于任何教派或种族的。它拥有杀戮的力量但不杀戮。

　　全球定位系统是我的敌人，因为它只把我带到州际公路上。我不理它，拐到了老费城派克路（Old Philadelphia Pike）上，向西行驶。费城的城区突然消失了，整齐的农田潮水般涌现出来，浩瀚而壮观。邮箱上的名字是荷兰文和德文。筒仓和农舍的墙皮在脱落，需要翻新。它们中间散布着难看的农场住宅和活动板房。我看到男人们戴着高顶草帽，留着胡子，穿着背带裤，赶着马车；女人们则戴着帽子，偶尔骑着老式自行车。他们的门诺派（Mennonite）① 教堂挤在小商铺和加油站中间，被可爱的招牌淹没了。这里还有统一样式的黑色塑料垃圾桶。这些城镇古朴而有趣的名字——怀特霍斯（White Horse）、伯德因汉德（Bird-in-Hand）、因特考斯（Intercourse）——是东北部旅行圣经上的名字。随着肥料的气味逐渐消失，兰开斯特的办公楼区和银行出现，这一切瞬间都消失了。阿米什人的村庄正在被发展和全球化慢慢压垮，即便旅游业在通过商业化反击。我儿时记忆中那种难以忘怀的朴素，现在看来近乎是俗不可耐的。美国的沿路风景越来越类似于发展中国家。一切既不是乡村的，也不是城市的，也就是说，两者的融合缺乏传统的审美。经济和社会的剧变很少是美好的。

　　我 53 年来第一次来到兰开斯特参观詹姆斯·布坎南的故居。这里几乎没有变化，导游们还穿着同时代的服装。室内装饰有一种 19 世纪贵族的威严感，我立即明白了为什么它影响了一个皇后街区工人阶层的男孩。我想起和父亲在这里时有多开心，他那时显得多么

---

① 门诺派是当代基督新教中一个福音主义派别，因其创建者荷兰人门诺·西门斯而得名。此派原为再洗礼派的一支，1536 年激进的再洗礼派建立闵斯特公社失败后，主张和平主义的信徒团结在门诺周围，于 1536 年建立门诺会，16 世纪 70 年代，该会在荷兰取得合法地位。门诺派迁入北美始于 17 世纪 40 年代。当代门诺派的活动中心在美国，欧洲的门诺信徒分三批于 19 世纪末、20 世纪初至 20 世纪 30 年代和"二战"后移居美国，致使其在美国的信徒增加，占世界门诺派信徒的 1/3。1920 年它建立了北美门诺派中央委员会，以协调各会的活动。

聪慧和博学。现在几米外是一个现代化的游客中心，专门展示美国第 15 任总统的生平。因为他是兰开斯特人，所以这里的有钱人出资建了这座中心，不在意他可能是美国最糟糕的总统。如今在中小学里，甚至在大学里，美国人可能没有被很好地教授历史，但我一次次发现，全国各地的历史遗迹保护和纪念正经历着一次复兴。

兰开斯特和哈里斯堡（Harrisburg）一直是被宾夕法尼亚州的农田分隔开的两座不同的城市。现在郊区的房子深入农田，模糊了这种分隔，交通拥堵的现象几乎没有停止。我的兰德麦克纳利地图集（Rand McNally road atlas）讲述了这样一个故事：深黄色的色块显示出两座城市城区和郊区的形状，它们几乎是接壤的，并与宾夕法尼亚州的约克市共同形成了一座新的城市，而它们之间的乡村地区正在被蚕食。但是之后在州首府哈里斯堡，我渡过的萨斯奎哈纳河（Susquehanna River）水面宽广，水位上涨的河道消失在一片广阔的森林中，显示出新世界的可能性。

在宾夕法尼亚州收费公路上继续前进，不断遇到道路施工，总能看到推土机和无处不在的路障。阿勒格尼山脉（Alleghenies）树木葱郁而高耸的山脊映衬着未被污染的、起伏的种植带。在政治方面，正如专家告诉我们的，在宾夕法尼亚州，费城和匹兹堡这样的蓝营自由派城市之间是深红的保守派阵营。休息站外，除了风之外是一片寂静，直到我驶进休息站内：明亮的灯光和比东向道路一侧休息站的音乐更刺耳的音乐，似乎是为了弥补文明的相对匮乏。但即使在这里——宾夕法尼亚州的农村，我仍能看到穿着长袍、戴着头巾的穆斯林妇女。每个人都在摆弄自己的手机，除了在收银处外，陌生人聚在一起，没有任何的互动。社会是丰富多彩且国际化的，即使它因为科技而四分五裂。路上的汽车变少了，只见 18 轮大卡车接连不断地驶过，它们就是内陆的集装箱船。在穿过石灰岩山区的路上，我经过四个隧道。20 世纪 60 年代，它们是令人赞叹的工程壮举，休息站也是世界上独一无二的。现在，在土耳其、孟加拉国和韩国这些不同的国家，我遇到同宾夕法尼亚州相似的隧道、高速公路和公路餐厅。在我有生之年，世界正在迎头赶上。但是，美国的主要优势仍然是——正如我将看到的——它的地理位置。它的规模很大，而且很容易被忽视。

匹兹堡悄悄出现在我面前。就像其他城市稀疏分散、偶然出现的天际线一样，从远处看不见。当我接近三条河交汇处时，匹兹堡以高度城市化的形象突然出现。莫农加希拉河（Monongahela River）和阿勒格尼河（Allegheny River）交汇于一点，然后继续汇入更大的俄亥俄河，构成了——被铁轨环绕的——险峻陡峭且树木丛生的山峦的背景。这是北美大陆上最重要的水上咽喉之一。因为俄亥俄河流入密西西比河，进而流入墨西哥湾，蒸汽船的发明使得匹兹堡能够与世界航道相连通。为了纪念法国印第安人战争 ① 时期的英国首相 ② 老威廉·皮特（William Pitt, the Elder）③，这里

---

① 法国印第安人战争，是 1754 年至 1763 年间英国和法国在北美的一场战争。1756 年，战争扩大至世界范围，成为七年战争的一部分。印第安人在这场战争中与法国结盟，攻打英国。1760 年英国攻陷蒙特利尔，战事结束。1763 年英法等参战国缔结《巴黎条约》，法国将加拿大、布雷顿角岛、密西西比河以东的全部土地（新奥尔良除外）让给英国；西班牙将佛罗里达让给英国，从法国手中得到路易斯安那、新奥尔良和部分金钱补偿。
② 原文如此。这一时期的英国首相为纽卡斯尔公爵托马斯·佩勒姆－霍利斯，但老威廉·皮特是实际领导人。
③ 老威廉·皮特（1708—1778），英国辉格党政治家，1766 年至 1768 年任英国首相，七年战争中英国的实际领导人。

从法国人的迪尤肯堡（Fort Duquesne）变成了英国人的匹兹堡。基于地理环境，匹兹堡同很多欧洲要塞城镇相似，但匹兹堡烟雾弥漫的、工业时代的男子气概是地地道道美国式的。在这紧凑的一天中，我被从中世纪到镀金时代，再到后现代的建筑淹没，一直转动着脖子左顾右盼。这座城市被雄伟的拱桥连接着；这些桥的样式让我想起了哈特·克莱恩的颂诗《布鲁克林大桥》，以及诗中写到的穹隆跨越大草原的可能性。我看到学院派风格的摩天大楼建有罗马、哥特和希腊复古风格的外墙，并被装饰派风格的装饰图案点缀着。这里还有匹兹堡海盗队的有赤陶壁柱的都市棒球场，以及匹兹堡钢人队的钢结构的亨氏体育场。19 世纪末匹兹堡的财富来自石油、钢铁和煤炭。[4] 现在则来自匹兹堡大学和卡耐基梅隆大学这样的名校，以及它们帮助孵化的科学技术。由于被山丘和河流环绕，市中心规模相对较小，适于步行。商店和餐馆的风格高雅而前卫。在一间豪华餐厅里，我无意中听到一个匈牙利移民谈论她在当地的物理治疗生意，她 20 年前来到美国时身上只有 50 美元。我认为美国的日常现实仍然是神话般的。

当然，我可以改变我的路线，往西北方向行驶，去底特律最萧瑟和最破败的一些地方，看到完全不同的美国地理环境以及它的历史。我在前一本书《荒野帝国》（*An Empire Wilderness*）中做了类似的事情，我当时用半末世论的语言记录了大圣路易斯地区的种族问题。2014 年和 2015 年在圣路易斯县弗格森市（Ferguson）发生的暴力事件，为我的感受提供了佐证。但美国的城市荒地是众所周知的，它们的问题成了当地耸人听闻的夜间新闻广播每晚必播的内容。从更大的意义上讲，所有图书馆都很有必要收藏关于美国的问题和缺陷——尤其是近几十年来的中产阶级空洞化——的书籍。不过我下定决心不仅要认真思考这个现象，还要认真思考更寻常的美国地理环境。它们极少被书籍和新闻提及，却是美国力量起源的核心。我想看看美国在电视镜头和新闻报道之外所存在的问题。

像兰开斯特和哈里斯堡一样，匹兹堡在地图上的深黄色区域也在近几十年中大大扩张了。这些城市的发展既增强也反映了美国的经济和文化实力。但是，即使这些城市（远离更国际化的沿海地区）位于大陆深处，现在和未来的城市扩张也将使其居民日益融入全球文明——而不再是独特的美国文明。这种现象不仅出现在匹兹堡——我在这里观察到了对于兼容并蓄的忧心忡忡——而且也出现在兰开斯特的新城，提供精巧菜品的时尚酒店和餐馆受到了欧洲和亚洲的影响。尽管地方在保护历史，但美国的特性正渐渐地，以微不足道而又平淡无奇的方式被稀释，美国本身也在融入更广阔的世界。

你可能会说："啊，自由主义的兴起，民主的蓝色美国。"但故事在这里并没有结束。全球化也催生出了对全球化的强烈抵制。事实上，由于价值观、心理需求、经济状况，甚至外表，许多人根本无法适应当代的跨国文化融合。在这个——有很多饮食低碳、穿着时髦且身材纤细之人的——新时代，他们感觉自己的生活方式受到了威胁，担忧自己的经济条件恶化。这是一个鼓励多元而非单一肤色和性取向的世界。由于美国的大陆性地理规模巨大且包罗万象，这种对社会变动的强烈抵制创造了一个庞大而另类的世界。在那里，卑微、难看、落后，并通常肥胖的人，依然一样。

西弗吉尼亚州原本是弗吉尼亚州的一部分，但是在内战爆发后的 1861 年春天，弗吉尼亚州西部郡县的代表们在惠灵镇（Wheeling）的集会上反对分裂。邻近俄亥俄河的航道、连接巴尔的摩与俄亥俄的铁路，以及该地区的工业和制造业，使得弗吉尼亚州的这块偏远地区出于自身的经济利益考量而支持联邦政府。在 1863 年 6 月联邦政府批准"西弗吉尼亚"建州之前，惠灵成为"弗吉尼亚恢复政府"的第一个州府。惠灵保留着联邦政府士兵训练的场地和关押叛国贼的监狱。不久之后，法庭确定了西弗吉尼亚州的边界。因为宾夕法尼亚州已经控制了阿勒格尼河、莫农加希拉河和约克加尼河（Youghiogheny River），法庭决定将俄亥俄河东岸划给这个新成立的州，所以在地图上，西弗吉尼亚州有一小块领土是向北延伸至宾夕法尼亚州和俄亥俄州之间的。西弗吉尼亚州是 50 个州中版图形状最奇怪的州之一，其内部被群山——包括阿巴拉契亚山脉一些最贫穷的山区——弄得四分五裂，还具有强烈的独特性。美国制度——"美式"民主、联邦、州和地方司法管辖权在权力和机构上的分立——催生出清晰的、基于地理的身份认同。

离开宾夕法尼亚州，我进入惠灵，仿佛来到了另一个国家。漆黑的老砖房中偶尔有几栋大理石和铁制的建筑，展示着 19 世纪希腊复古式、意大利式、哥特式和新古典主义式的建筑风格，这都归功于 19 世纪 50 年代之后的德国移民。但这座城市看起来好像受到过灾害的侵袭。房屋急需修缮。街道冷清到似乎可以产生回音，只有几个无家可归和即将无家可归的人。他们早已被忽视。我在公众场合几乎没有看到任何人渴望——甚至是看起来认识到需要——更好的生活方式。有一两次，我发现了一家不错的咖啡店，一间空荡荡的书店，或是一家新开张的隐隐透露着格调的烧烤餐厅，但这还不足以构成一种趋势。蜂拥的购物者和我在匹兹堡看到的闪亮的合金与高分子材料消失了，我在兰开斯特下榻的酒店的时尚装修风格也消失了。我在惠灵下榻的酒店于 1852 年开业，曾接待过联邦将军格兰特和谢尔曼^①，以及 11 位总统。这家酒店最近一次重新装修是在 20 世纪 70 年代。酒店外墙看起来就像一串黑色的眼睛。破旧的房间有潮湿的地毯气味，残缺的家具被随意地扔在地板上，好像是从庭院拍卖会上买的旧货。我想起了冷战期间，在东欧国家住过的所有二星级和三星级酒店。这是惠灵最好的酒店。我到访过中东和中国的很多不知名的城镇，那些城镇看起来更好，有更好的酒店，住在那些地方我感到更安全和舒适。这就是全球化能够轻易地压垮像惠灵这样的煤炭资源枯竭的小地方的原因所在。一些浮华而庞大的城市（它们通常同著名的大学捆绑在一起），比如得克萨斯州的奥斯汀和北卡罗来纳州的罗利—达勒姆三角研究园（Raleigh-Durham Research Triangle），它们受到年轻的专业人士的青睐。即使在美国的心脏地带，如果一个小城市没能以某种明显的方式连接到其他大陆，那它就完了。

我徒步探索这座破败的小镇。在主要街道等地方，被木板封住窗户的临街店面一家接着一家，到处都是"待售"的标志。在两家空店的中间，我注意到一家成人音像店正在营业。修鞋摊也是如此。我碰到的几个人特别有礼貌，好像多年没有人跟他们说话似的。这个城镇基本没有活力。

然后是滨河地区。俄亥俄河流域纯净的普通而不均匀的绿色，夹杂着建于 19 世纪的房屋正面的铁黑色。充满活力的河流已经汇集了阿勒格尼河、莫农加希拉河和约克加尼河的水，在汇入密西西比河之前，马斯金格姆河（Muskingum River）、沃巴什河（Wabash River）

---

① 威廉·特库赛·谢尔曼（1820—1891），美国陆军上将。美国南北战争时期，他在联邦军中的地位仅次于格兰特将军。

等众多河流还将汇入。这里有一座为武装部队新竖立的纪念碑，以纪念从独立战争到伊拉克战争等美国参与的战争。我买了一份当地报纸。报纸头条是关于该地区数百名煤矿工人因页岩气开采热潮而被解雇的消息。这里的工厂消失了。1940 年这里的人口是 6.1 万，现在大约是 2.8 万。晚上我在酒店的酒吧喝了一杯。戴着狩猎帽的男人们在加油站里看着电视屏幕上的职业摔跤比赛。音量被调得很高。看不到有人在摆弄手机。

我开车驶过大桥，来到河对岸俄亥俄州一侧。这里层叠起伏的丘陵像海藻一样碧绿，让人眼花缭乱。我在一条州级公路上，沿着弯曲而盘旋的俄亥俄河向南行驶。我很少遇到一条背负如此多旅行期盼的河流，每一次拐弯，它的风格和周围的景色都会变化。这就是东部景色的精髓。它是垂直的，被高大的树木围绕，因而是封闭的，在许多地方无法看到远处的景色，让人感到幽闭恐惧。很难找到能够遥望而且清晰的视野。它提醒我，我的旅程才刚刚开始。

杂乱的草坪、售卖彩票的加油站、鱼饵、渔具、夜间爬行动物、"子弹上膛"的枪、香烟和嚼烟占据主导地位。蹒跚的老人、头顶卷发夹的妇女以及自惠灵成为肥胖者聚居地以来的事物——我知道这在美国是老生常谈，但是你不可能不感到震惊，因为它会在数千千米以外的地方重演。

长期以来，中产阶级已经慢慢退化为濒临贫困的工人阶级，而在另一个方向上，一部分中产阶级则成为更小规模的中上层的全球精英。但是用一连几天时间亲自观察这个问题，让我对这个问题感到非常激动。在本次旅途中，我基本上没看到几个中产阶级。政客们喜欢谈论的这件事已经悄悄地滑出了我们的掌握。取而代之的是，在时尚餐厅我遇到很多体面的人，以及很多外表看起来已经在很大程度上失去信心的人，即便他们处处不失礼貌而且没有丢掉自尊——这与他们的外表和我对他们的第一印象大相径庭。在我 2015 年年初的旅行后的总统竞选活动中，明显的民粹主义倾向显然源于他们不稳定的经济状况，表明他们的愤怒就隐藏在表面的礼貌之下。

俄亥俄州荒凉而粗野的地理环境，不断提醒人们这是片肥沃的土地：山腰上茂密的树林誓要遮挡住道路；野生的山茱萸、紫荆、橡树、桦树、山胡桃树、沙果树、糖槭树、悬铃木以及它们浸在水中的已发白的叶子。文明是多么脆弱的东西啊！尽管活动房屋和庭院售卖杂乱而喧嚣，但路边的廉价餐馆、修理铺，以及无数的美国国旗，体现了俄亥俄河流域的一种野性特质，生动地反映了这里曾经是边疆。

俄亥俄州的玛瑞埃塔市（Marietta）是中产阶级社会的乐土，江轮风格的家庭旅馆，配有宣传手册和精致的装修。道路两边有人行小道，旁边是漂亮的精品店和热闹的餐馆。我感觉似乎穿过了一道玻璃门，从社会和经济动荡的地区来到了社会阶层向上流动的安全地带。人们拥有智能手机，看起来很体面，交谈内容涉及金融规划、新汽车和新家电，以及前往欧洲或其他地区度假。在惠灵和我所到过的俄亥俄河流域的其他地方，人们谈论的都是当地的事务；而在玛瑞埃塔，美国的其他地方和其他国家已经进入了人们的视线。惠灵是衰亡中的煤炭产区，玛瑞埃塔则靠近页岩气开采地区。惠灵这些年的衰败部分是高地购物中心——靠近西弗吉尼亚州的特瑞阿德尔福亚（Triadelphia）——兴起的结果。惠灵的商业企业已经迁移。俄亥俄河流域拥有生产锰合金、聚苯乙烯、高分子材料的工厂和火力发电站，不是一个衰退的地区，而是一个正在变化和经历经济动荡的地区。这是北美大陆的真实故事。

玛瑞埃塔的王牌优势一直是玛瑞埃塔大学，这是一所 1835 年成立的小型文理学院，是中西部地区学术水平最高的学府之一。该校在校生来自 20 多个国家，校园内富丽堂皇的砖制建筑得益于早年的石油财富。小型学院在整个北美大陆一直存在，是美国开拓西部的遗产，也是通过社群精神建立一个充满活力的文明社会的必然——高等教育在全国范围内的普及已成为美国实力的一个组成部分。不过，即使是像玛瑞埃塔大学这样的院校，现在同外部世界的联系也在日益增多，甚至超过了同邻近的其他沿河城镇的联系。

西进之路始于玛瑞埃塔。1788 年，在最初 13 个殖民地以西的玛瑞埃塔，新英格兰人建立了第一个平民政府，并由此开启了美国西北地区的历史。玛瑞埃塔曾是印第安地区的边界贸易站，是在匹兹堡和密西西比州之间往返的蒸汽船、演艺船和邮船的停靠点。顺着马斯金格姆河前行，在其汇入俄亥俄河之前，能在城里看到一座纪念新英格兰第一批移民的雕塑。它出自拉什莫尔山雕塑家格曾·博格勒姆（Gutzon Borglum）[1] 之手，展现了他——刻意的象征性和英雄叙事——的知名风格：雕塑人物看起来是从千岩万壑的环境中挣脱出来的。富兰克林·德拉诺·罗斯福总统曾于 1938 年来到玛瑞埃塔为这座丰碑揭幕。在树木茂盛而庄重的马斯金格姆河畔，有包括朝鲜战争和越南战争在内的战争纪念碑，以颂扬美国在世界历史上的"新目标"构想。即使陷入僵局、无法取胜或是战败，认为美国是例外的信念——对于很多人来说是难以容忍的——是真实存在且被真诚接受的。在腹地深处重新开始认识这个事实，有助于稳定你的

---

① 格曾·博格勒姆（1867—1941），也译作夏兹昂·波格隆，丹麦裔美国艺术家、雕刻家。他历时 14 年，完成了南达科他州拉什莫尔山的总统雕刻。

判断力，因为它源自定居边疆地区的共同经历。

在玛瑞埃塔的一个春天的早晨，俄亥俄河像宇宙一样宽广，俄亥俄州和西弗吉尼亚州之间的水面上倒映着天堂的景象。但它不只是俄亥俄河。从宾夕法尼亚州到艾奥瓦州的所经之处，我将看到美国实力的另一个重要组成部分——大量的小溪流永不停歇地汇入更大的江河中，强调了这片大陆上极为丰富的内河航道资源。沃巴什河和得梅因河（Des Moines River）将显得同萨斯奎汉纳河（Susquehanna River）与俄亥俄河一样浩瀚。还有俄亥俄州中西部的赛欧托河（Scioto River）、林肯非常熟悉的桑加蒙河（Sangamon River）和伊利诺伊河，以及我驾车跨过的无数小河流——我只是喜欢复述名字：艾奥瓦州和密苏里州的斯康克河（Skunk River）、英吉利河、南北拉孔河（North and South Raccoon River）和东西尼什那波特那河（East and West Nishnabotna River）。美国东部水资源丰沛，非常适于农耕。对于像我这样职业生涯的一大段时间都在大中东地区——那个地区的政治问题直接或间接都与水资源匮乏和河流断流相关，那里的河床常年是干涸的——生活和旅行的人来说，这是一个启示。你可以抽象地从知识层面了解某些事，但是通过具体的地理环境——这是历史赖以发展的基础——来直观了解是另一回事。

通过东部的收费公路后，道路维护保持不变。道路状况几乎没有变差，尽管同我 1970 年第一次穿越美国时相比，这个国家亟须基础设施投资，但是公路的数量增长了，路面拓宽了。那时，尽管我对公路不太了解，但它们首先成就了我的旅行。换句话说，它们不是那么突兀。那时你随意到访的某个城市，没有用来疏解城市人口的庞大郊区。我记得我每天旅行都是兴高采烈的。这次却困难很多。

　　大陆内部交通网的联系非常惊人，尽管这太过寻常而不值一提，但这并不意味着它们对国家的统一不重要。由于兼扮食品商店和休息站的角色，加油站的规模变得越来越大，即便没有星巴克，它们也能提供大量不同种类的混合咖啡。尽管经历了国内航空旅行的革命，但美国仍然是一个公路文明的国家，对于那些认为美国地图和地理环境就是全宇宙的人来说，民族主义比全球主义更加深入骨髓。卡车司机的情况尤其如此。但即使在那些顾客群最粗鲁无礼的公路停靠站，它们的经营者也通常是女性，因为没有人会为难她们。总体上这是一个很有礼貌和教养的国家，就像我曾到访过的中东和东亚，尽管它缺乏高雅的文化和所谓的修养，但它的独特之处就在于此。

　　但是千篇一律的噩梦——相同的商场、快餐和预制板搭建的教堂一路随行；连锁酒店内的房间清新剂只是让此地更卫生无菌和单调无趣；相同的食品商店里放着彩票和鱼饵的广告牌。随着旅行持续，情况变得越来越糟糕。北美大陆幅员辽阔，国家在文化和物质上的统一处于不稳定的状态，有时会更好，但往往是更糟糕。在21世纪初穿越美国是一次全新的经历。你就像跑步机上的老鼠。每一家贝斯特韦斯特酒店和智选假日酒店都像是用相同的机器模具做出来的，有一样的果汁机、自动贩卖机和早上盛凯洛格麦片用的保丽龙碗。即使你日行200多千米，你还是会感觉每天早上从同一间房间里醒来。唯一改变的是缓慢发生变化的地理环境。参照物越来越分散。美国主要让人体验到空间和辽阔。

　　俄亥俄河现在不只是西弗吉尼亚州的界河，且是肯塔基州的界河。在肯塔基州一侧，我遇到一群人聚集在加油站的午餐柜台夸赞一个刚出生的婴儿。这个地方弥漫着油腻得令人反胃的油炸加工食物的气味。几乎每个人都显露出贫穷和病态。但他们是有尊严的。他们几乎异口同声地谈论着生命的奇迹。听起来他们不会对任何事情讽刺挖苦或愤世嫉俗。一些戴着军帽的老人郑重地说着他们参加过的对外战争。他们都是白人，这个地方与我之前到访的东部城市形成了鲜明的对比。美国国旗和教堂再次出现在方圆数千米的地方。不止一个人对我说："祝你今天过得愉快！"

　　这群人和我遇到的其他人让我觉得，也许对于美国人如何看待对外政策——如果他们确实在国家真的出现紧急情况之外的时间里考虑过此事——最敏锐的观察者是学者沃尔特·拉塞尔·米德(Walter Russell Mead)①。米德指出，在华盛顿和纽约的精英属于威尔逊派（他们寻求推进民主政治和国际法）、汉密尔顿派（他们是理智的现实主义者，强调国际商业关系）和杰斐逊派（他们更强调完善美国国内的民主制度，而不是涉足海外事务）中的一个，广大的美国人民不属于这些派别中的任何一个。米德写道，他们更像是属于杰克逊派（他们信仰荣誉，虔诚地相信上帝以及军事机构）。他们可能怀疑美国完善世界的能力，但如果你侮辱或伤害他们，他们会反击和报复你。美国是一个拥有高度发达的尚武精神的民主国家，这使得它在许多战争中是极其残酷无情的。美国是一个残暴的国家。这在很大程度上是受苏格兰—爱尔兰人和"红脖子"②传统的影响，在美国的对外军事冲突中，这种传统比其他精英传统更具影响力。18世

---

① 沃尔特·拉塞尔·米德（1952—　），美国巴德学院外交事务和人文学科教授。其著作《美国外交政策及其如何影响了世界》获得了 2002 年的莱昂内尔·吉尔伯图书奖。

② "红脖子"常被用来指代出身美国农村的底层白人，特别是那些受教育程度较低的、想法固执片面的。

纪和 19 世纪从阿尔斯特来到美国的苏格兰—爱尔兰移民主要定居在阿巴拉契亚地区，他们帮助开拓了边疆文化。米德将他们以及他们的传统同第一个民粹主义者、公开宣布开拓边疆的安德鲁·杰克逊总统联系在一起。

　　肯塔基州是一个边界州，位于美国南部的最北端。碰巧的是，我随身携带着马尔科姆·考利（Malcolm Cowley）[①] 编著的《袖珍本福克纳选集》。翻阅此书总感觉进入了一个梦境，我每晚睡前都会进入这个梦境。威廉·福克纳（William Faulkner）着了魔似地描述内战前的美国南方，仿佛中了咒语一般，完全是在转述自己的亲眼所见。你不可能不带好恶地阅读福克纳的书：你要么会上瘾，要么不感兴趣。说来也怪，同最优秀的知识分子相比，福克纳——更确切地说是他所创作的人物——那种将过去和现在混在一起的、浓厚而含糊的大白话能更好地解释事情。我一晚上只能读大约 10 页。这种感觉像在钻研一门难以理解且已过时的古老语言。故事情节比记忆中的烟囱（stovepipes）还少，书中主角的脚下之路与其说是以千米计，不如说是以年计。我发现，他以一种特殊的方式，成为最欧洲的美国作家，不仅因为他的风格及其心理层次和感知等级所具有的复杂性，还因为他描写了数百年前南方各州——经历失败和耻辱因而狡黠地屈服于命运，即便它倔强暴力的根源与刚刚才被清除的狂热不可分离——的地理环境。

[①]　马尔科姆·考利（1898—1989），美国评论家、诗人、编辑。考利一生著述颇丰，早年曾出版过诗集《蓝色的朱尼厄塔》《干燥的季节》。他还投入大量精力从事文学评论，其著作《流放者的归来》《金山梦》《我的作家生涯》等都已成为研究现当代美国文学的重要文献。

　　对印第安人的野蛮灭绝以及标志性的奴隶制罪恶，像缓慢的流水一样进入了福克纳的叙述；你不能驱逐它们。正如人们所说的那样，南方有着悲惨的历史，这是美国其他地方所没有的。然而，福克纳笔下的人物深深地根植于南方的地理环境，事实上几乎被剥夺了这一切，就好像他们还在形成过程中一样。就此而言，福克纳又是最美国的作家之一。福克纳的世界已经不复存在。经济发展、州际公路系统、华盛顿联邦政府的人权机构，以及《民权法案》和其他进步法案改变了这个世界，尽管福克纳时代的普遍贫困仍然存在。然而，南北战争前的美国南方仍然作为一个影响因素徘徊在现今华盛顿腐朽的党派政治中，共和党中最保守的一群人正是来自原先的南方邦联各州的，并在中西部地区南部的"圣经地带"（Bible Belt）①处于支配地位。我必须牢记南方，即使我的行程绕过了它。地理也塑造了这个国家。它在那里，即使我不能通过福克纳的文字了解它现在的真实情况。

　　如果一个地方能比西弗吉尼亚州的惠灵更空荡，那这个地方是俄亥俄州的朴次茅斯（Portsmouth）。我在大街上从东走到西，几乎没有看到其他人。近三分之二的店面是空置的，其余店面的橱窗里只有两到三件商品，可以在五分钟内清理完毕。玛瑞埃塔一家店展出的商品比这整座城的都多。朴次茅斯最活跃的临街广告是"质押贷款"。我是咖啡厅唯一的顾客。柜台上的人注意到我的不安，说："不，新建的一些购物中心也没有很热闹。这是一座老旧的沿河城

---

① 在美国，社会文化由基督教福音派主导的地区被称为"圣经地带"。这些地区的人特别注重从福音派的立场来诠释《圣经》。

镇，没有什么工作机会和理由能让人留下。这是众所周知的。"这里的人口数量是 1950 年时的一半。附近的钢铁工厂都已经关闭了。人们已经迁移到辛辛那提（Cincinnati）和哥伦布（Columbus）等城市。非熟练劳动也已经外包。随着年轻人受到大城市的吸引，这些城市（甚至包括底特律）已经触底反弹，开始恢复元气。郊区大规模扩张使这个国家的地图看起来与几十年前大不相同。但我会一直注意那些人口两万左右、曾经朝气蓬勃、现在苦苦挣扎的城市。也许它们只是不想再存在下去了，即使我们因为它们的建筑和历史而尊它们为传统城市。不过，达尔文主义是合理的吗？随着国家的发展逐渐远离一些人的认知，我们应该允许他们受苦并剥夺他们的社区吗？像这样的城镇是我 1970 年的全国之旅中最重要的部分。它们正是我父亲怀旧时所描述的——他在 20 世纪 30 年代旅行时到访过的——城镇。

辛辛那提的桥梁和摩天大楼簇拥在一起的景象很像匹兹堡，让人印象深刻。正是在辛辛那提以西的印第安纳州，随着美国地理环境的延伸，似乎出现了缺口。树木逐渐远去，虽然它们大多未消失在视野中，露出了更加广阔的农田：玉米、大豆，甚至一点点小麦。起伏绵延的山坡就像蛋糕上的卷花。农舍里有精心修剪的园艺植物和新粉刷的白色墙板，比宾夕法尼亚州、西弗吉尼亚州和俄亥俄州的更高级。你已经进入了粮食生产基地。虽然快餐业从未停止，但是当你来到像印第安纳州的哥伦布市这样的机械工程中心（以该地区的大学为基础）时，情况发生了变化。突然，食品连锁店变得更高档了，肥胖消失了，时尚的邮筒、时髦的广告牌、生活方式诊所和建有崭新玻璃建筑的大街出现了。这是另一个中产和中上层阶级的绿洲，是印第安纳大学的卫星区，距其只有 64 千米。

越过另一条东部风情的种有橡树、枫树和山胡桃树的森林带——对于印第安纳州来说，这是一个通往中西部心脏地带的地理过渡区——一个真正的全球文明在布卢明顿（Bloomington）出现。绵延数千米的豪华餐厅、旅行用品店、时装店和家具店，不一而足。市内有各种肤色的人。印第安纳大学在该校区的学生超过 4.6 万名，有计算机学院、公共卫生学院、商学院、视光学院和环境学院，它的工程学院和农业学院坐落于印第安纳波利斯校区和普渡大学——位于西拉法叶（West Lafayette）的另一所公立大学。米色的石灰岩建筑与维多利亚式、罗马式和哥特式的风格很相配。大十联盟 ① 已经很接近常春藤联盟了。它反映了当今世界的教育现实，即自然科学超越了人文学科，因而获得的款项越来越多。

当人们提及大中西部的大学时，他们想到的是——由于电视体育节目的影响——校橄榄球队里肌肉发达的前锋，他们有着波兰人、捷克人和其他东欧国家人的名字和玉米色的头发，他们比赛场所的观众座位数超过 10 万个。他们可能联想到坐落在巨大校园里的冰冷建筑，每栋楼之间都相隔数百米，在美国的广袤而荒凉的地方，土地并不是很珍贵；因此，他们以这种方式——我们全都维系着最脆弱的联系——来想象位于社会等级中间阶层的庞大的学生群体。换句话说，他们并不总是认为大十联盟是精英联盟。

事实上，正是这些位于中西部各州的学校在成就美国的实力

---

① 大十联盟创立于 1896 年，是以体育为中心的美国大学联盟。其宗旨是更好地加强校际体育交流及管理。目前该联盟由 1 所私立大学和 13 所公立大学组成，其成员不论在体育方面还是在教育方面都是美国的一流院校。

方面做出了比常春藤联盟更多的贡献。很多国家有专门向官僚体制上层人士开放的精英学校和学院，比如很容易想到的法国和英国。美国学校没有等级制度——板凳深度，一个庞大的有数百万学生的大学综合体只比精英院校联盟的排名低一或两位。更重要的是，美国的科学、技术、工程研究和培训——这是后工业社会所依赖的——是在数量更庞大的、排名略低的学校中完成的。同样不要低估这些学校的文科水平。在我自己的职业生涯中，印第安纳大学的世界级学者让我惊叹不已，他们来自欧洲中世纪史、拜占庭和斯拉夫研究，以及印度次大陆政治学等完全不同的领域。与同领域的耶鲁和哈佛学者相比，他们受到的尊敬有过之而无不及。心脏地带的黑土地产生了农业财富，很容易通过河流（以及后来的铁路）干线网络的运输为工业实力奠定经济基础，这种情况的产生包括——同时也需要——伟大的公立大学。大十联盟是一个巨大的社会、经济和政治进程的顶点。它再一次盯着我们，即使我们没有注意到它。

远离东海岸，自我意识和自我专注度逐渐降低。事实上，中西部各州人率真而热情的礼貌，要求你更关注周围的人，而不是你自己。礼貌，因为明显是如此真诚，创造了自己的能量。人们很乐意问候你，就这么简单。它并没有更进一步。这里不是中东或非洲，人们不会邀请旅行者到他们家中做客，或者请他们喝茶。礼貌与好客不同。中东和非洲模式有助于社会稳定；中西部模式有助于效率和生产，因为它在复杂的礼节上花费了较少的时间，它减轻了紧张感和焦虑感，使人们更多地专注于工作。

不管媒体怎样蓄意煽动普通美国民众对于当局的愤怒，我一直认为这里的人们满足于讨论工作、家庭、健康和纯粹的经济生存（economic survival）。媒体是保护外壳，是噪音屏障，在那之下，真正的国家戏剧上演了。所以我是这趟旅行中充满激情的偷听者，喜欢坐在吧台而不是卡座里吃饭，常想接近别人，以便听到他们在说什么。我发现，从东海岸到西海岸，人们都因忧虑而团结在一起。即使是在像阿巴拉契亚这样的地方，他们讲话也是明确而简洁的，是20世纪40年代和50年代歌词的风格，而不是电子时代歌词——不断用亵渎的语言攻击他们——的风格。

他们讨论教会活动、电影和电视节目、对于互联网色情内容的痛恨和应对之策、大学学费和处方药的价格、他们膝盖和背部的毛病、照顾年迈的患有老年痴呆症的父母所面临的难题、债务、体育、个人理财、保险问题，以及其他老生常谈的话题。还有八卦，是的，许多关于朋友的八卦。同时，他们显然不能在没有宗教信仰的情况下生活下去，有时候也会谈论上帝，但这时他们往往心不在焉。他们实事求是的席间谈话是他们率真友情的必然结果。

当你向西走，越远的地方越空旷，酒吧和餐厅的气氛也越让人感到温暖，仿佛是为了弥补外面的孤独。在内布拉斯加州西部的某个晚上，我听到了一场关于能源形势演变的酒吧讨论，内容是煤炭的最终衰落和天然气的崛起，伴随着太阳能和风能的补充。所有人都说，生产商、公司和消费者所面临的挑战是如何适应联邦政府对这些问题的规定，这些规定变得更加复杂，更加难以预测和遵循。当然，所有这些问题都有政治影响，但在美国，我很少听到有人谈论政治本身，尽管美国有线电视新闻网（CNN）和福克斯新闻（Fox News）的节目就在当地酒吧的威士忌瓶架上的屏幕上播放着。希拉里·克林顿的"邮件门"、克林顿基金会及其涉嫌的利益冲突、"伊斯兰国"、中国南海、丹尼斯·哈斯特尔特（Dennis Hastert）^① 的性丑闻、杰布·布什（Jeb Bush）成为总统的机会、伊拉克战争——我所偷听到的谈话中没有涉及这些话题中的任何一个。网络杂志《政客》（Politico）中的一篇文章跟我一样，发觉了相同的气氛：2015 年 4 月，美国与伊朗签订了历史性的核协议，同一天，记者在印第安纳波利斯的购物中心里，无法找到一个知道或关心此事的人。^[5] 我想起了德沃托——关于 1940 年夏天的心脏地带——的回忆，这里的人们对即将吞噬他们的世界大战浑然不觉。这一切与我居住的马萨诸塞州西部的伯克郡（Berkshires）形成鲜明的对比，伯克郡有很多精致的餐厅，拥有两套住房的纽约人经常在其中讨论国内外事务。照理说，你可能知道东北走廊地区是精英的"媒体泡沫"（media bubble），但是只有当穿行这个国家的时候，你才真正知道，与其他地方相比，它是多么单一，多么怪异。

我每天都能遇到不想知道外交政策细节的美国人。时间越长，这样的人越多。这和 1940 年没有什么不同。是的，当时我们没有像现在这样与外界联系在一起，但现在的全球形势也不像当时那么可怕了。美国人不想再经历一次"9·11"事件了，他们也不想再发动一场伊拉克战争。也许没有比那更复杂的了。他们的杰克逊传统意味着他们希望政府能够保证他们的安全，并追捕和杀死那些威胁到他们安全的人。如果你使用暴力，最好有好的原因。对于这些极端手段，不要花费时间和精力于细节。尽管有全天候的媒体，但它们并不特别感兴趣。

我现在知道了，数百万美国人观看了唐纳德·特朗普在共和党

---

① 丹尼斯·哈斯特尔特（1942— ），美国共和党人，于 1999 年至 2007 年担任众议院议长，是美国历史上任职时间最长的共和党籍议长。

总统候选人辩论中的豪言壮语。但这种对特朗普发自内心的兴趣，在本质上与我在旅途中发现的人们对政治缺乏兴趣有关。特朗普代表着一种反传统政治，一种本能的呐喊，反对不与底层民众联系的政治精英，因为他们不能够改善民众的生活。生活变得越来越复杂的人被自己的烦恼困住，被完全疏远。这种疏离感的表达是民粹主义政治家所钟爱的。

你可以很容易看出为什么孤立主义——与 20 世纪中叶的共和党元老、俄亥俄州的罗伯特·塔夫脱（Robert Taft）① 有着不可磨灭的关系——构成了受人尊重的美国传统。它很适合内部发生很多事情的地方，以至于外面的世界似乎从来都不是真的。当然，现在伴随着前所未有的城市化和郊区化——可以解读为全球化——美国与其他大陆接触密切，孤立主义失去了很大程度的吸引力，以至于不再那么受人尊重了。但我不能低估人民缺乏对更大问题的担忧，因为缺乏担忧的这片巨大的大陆本身也存在着如此多的社会和经济动荡。别招惹我们，我们就不会招惹你，否则你就算跑到天涯海角我们都会抓到你。我根据亲眼所见归纳出了米德的杰克逊传统，即使我知道美国的外交政策肯定不止于此。但是，即使它肯定远不止此，一个美国决策者，无论多么理想主义，无论多么致力于改善世界和减轻人类痛苦，都不能不问问自己，国家内陆地区的这些人实际上能容忍什么？对于美国的海外行为，他们的痛点是什么？鉴于杰克逊传统是他们中大多数人的出发点，他们对于军事干涉所持有的普遍看法是什么？

---

① 罗伯特·塔夫脱（1889—1953），威廉·霍华德·塔夫脱总统的长子，美国参议员、共和党领袖，因拥护传统的保守主义而被称为"共和党先生"，三次竞选总统，均告失败。

太阳的轨迹显示了大陆的跨度。随着我向西行驶，太阳在傍晚落下的时间推迟，而在早晨升起的时间也推迟了，所以早晨天更暗，傍晚天更亮。但后来我从印第安纳州进入伊利诺伊州，把表的时间往回拨了一个小时，因为我现在处于中央时区，这个过程在我进入属于北美山区时区的内布拉斯加州西部时和进入属于太平洋时区的内华达州时，又分别重复了一次。飞到加利福尼亚州，把你的表回拨三个小时，是无法了解你所经过的土地的，因为你没有看到沿途每天不同的清晨和夜晚。

进入伊利诺伊州数千米后发生了渐变。草原真正出现了。地表完全变平了。那些密集的树木已经消失在视野的边缘。数千米绸带状的农田种植着玉米和大豆，其中竖立着巨大的金属筒仓。野草和黑土缓解了孤独的地理景象，提醒你这里是多么富饶。因为这种生产和肥沃还将向东、南、西、北绵延数百千米，构成了北美大陆繁荣的基础，所以美国可以如此雄心勃勃地接触外部世界——每隔几十年就有一场史诗般的血腥灾难——人力或物质成本由美国本身具有的富饶广阔的土地毫不费力地吸收。正是这些伊利诺伊州的玉米地从根本上让华盛顿的精英考虑采取行动，即使其他人可能遭受后果及其持续的影响。

同一场景在我眼前反复出现：一趟似乎从地平线驶出的联合太平洋货运列车，为了装满车厢而呼啸着驶向贮藏着玉米和大豆的筒仓群中。这种国家实力的表达几十年来没有多大变化，但现在掌握实际权力的人很少能真正意识到或理解这一点。这样的地理景象让我感到谦逊。我明白，正因这片大陆的广阔，才让它比世界上其他地方更需要发展强大而高效的机车，这反过来又促进了美国军舰的长距离发动机的发展，因此，美国的海军力量与陆地领土的规模及遍布之上的铁路网直接相关。

这种地理景象也让许多中西部人谦逊，这是那些在草原和大平原上长大的人在制订外交政策时谨慎行事的原因。他们凭直觉知道——就像变幻无常的天气会破坏农作物一样——其他能够干预华盛顿重要计划的事情是他们无法控制的。

伊利诺伊州的首府斯普林菲尔德市（Springfield）看起来像暴露在大风和草原之中，如同在林肯时代一般。货运列车的声音在城中各处都可以听到。从州议会大厦向外看，你能感受到 100 米外被木板封住的商店橱窗所透露的破败与凋敝。这里树木稀少，高大而方方正正的混凝土建筑——似乎出自 20 世纪 70 年代的野兽派之手——看上去同立体停车场难以区分。林肯时代遗留下来的四四方方的街道是在草原之上的，承载着未来所有的可能性，消磨了人的差异。但同超过它的芝加哥和其他更有活力的中西部州府相比，今天的斯普林菲尔德看起来并不是一个充满希望的地方。确实，芝加哥好像吸走了斯普林菲尔德的空气。这是成为大城市网络的美国与其他大陆的联系比与本国内地的联系更紧密的又一个例子。正是在与世界其他地区和全球文明融合的过程中，分裂势力在美国走上前台。斯普林菲尔德是另一个应该却没能启发思考的小城市。

与其说林肯是其他地方的人，倒不如说他更像是斯普林菲尔德人。所以这里有一些东西需要学习。

从早到晚，来林肯两层小楼参观的游客络绎不绝。与之对比，在更加显赫的布坎南宅邸，整个上午只有三个游客，本人还是其中之一。林肯正是在这座位于第八街和杰克逊街的房子里度过了从

1844 年到 1861 年的时光，在这里他实现了从默默无闻上升为名副其实的资产阶级一员的美国梦。1856 年，担任律师的林肯时年 47 岁，林肯家族积累了足够的钱来翻修和扩大他们希腊复古且带有淡淡维多利亚风格的小屋。林肯是通过移民、自学和辛勤工作才达到这一顶峰的。他整个生活经验体系被注入并充满了民主、平等和经济自由——这一切可能都是边疆地区所固有的。因此，他支持对铁路和运河的修建和改善，把这作为将边疆纳入国家的一种手段。如后来认为的那样，林肯是一个西部人，是第一位出生在阿巴拉契亚山脉以西的总统，曾服役参加了 1832 年的黑鹰战争，曾是草原上的土地测量员，也曾乘平底船，顺密西西比河而下到新奥尔良。他谙熟关于是否将奴隶制向西扩展的争论中的利害关系。

林肯的房子舒适而几近豪华，但没有任何卖弄和浮夸的地方。房子是符合中产阶级标准的，这也是它的动人之处。布坎南当上总统时是富人，而林肯是中上阶层。不管这两人之间有什么不同，这是至关重要的区别。布坎南家中陈列着他所拥有的维多利亚女王和阿尔伯特亲王的石版画，他在担任国务卿期间数次在伦敦遇到过真人。林肯房子的豪华主要表现在他同妻子玛丽·托德·林肯（Mary Todd Lincoln）拥有能够分开住的卧室，以及他们厨房中烧柴火的厨灶，这间厨房几乎同林肯出生时的小屋一样大。老于世故的布坎南被水晶、金箔和波士顿制造的奇克林三角钢琴（Chickering grand piano）包围；而在斯普林菲尔德，草原上的成功律师使用加工家居和时尚壁纸。

林肯二楼的卧室与他妻子的毗邻，有一张带信件格的桌子，林肯在当选总统后、宣誓就职前的几个月，就是在这张桌子前处理信件的，当时，他将要领导的国家正面临分崩离析。用料简陋的陈设和能看到部分草原的视野——林肯正是坐在这样的办公桌前思考国家命运的——令人喉头发紧。从历史角度来看，布坎南的故居值得参观；林肯的故居则是圣地。在布坎南故居，一位收取小费、身着那个时代服饰的男士会为你导游；在林肯故居，国家公园管理局的管理员特别指出，这栋房子是真正的林肯故居，比在华盛顿林肯纪念堂的官方故居更真实。

　　林肯的经历——从肯塔基州的荒原到当时西部边陲定居点附近的舒适房子——使他能比布坎南更好地了解叛乱的利害关系。林肯熟悉西部边疆；布坎南则不然，他一生都以宾夕法尼亚州的兰开斯特为中心。但是，通过团结联邦、结束南北分裂，并带领美国走上工业化、东西导向、以中产阶级为核心的道路，林肯使布坎南成为美国历史上最后一位所谓的"边疆总统"。地理不能决定个人的品性，但它确实很重要。

　　林肯看着外面的草原，凭直觉感知整个世界。但在这个时代，团结美国的不会是林肯，因为在美国一种政治倾向已无法再征服其他的政治倾向。现在是全球主义的一半人口从民族主义的另一半人口那里获得支持，因为民族主义的那一半在地理上更加根深蒂固。因为全球文化有一个致命的弱点。全球文化脱离了土地，祖国所意味的分量比以前轻了，因此人们为之奋斗的对象变少了。通过打开来自传统文化根深蒂固地区的人们的视野，全球文化使他们更容易受到时尚和潮流——最终甚至是意识形态——的影响。这使得地缘政治变得更加残酷和抽象。一场纯粹的自豪感和公共认同的战斗在战场上打响。在这个战场上，根植于土地的稳定的、保守的传统文化已经或正在消失。

　　中西部地区的土地正以其不可阻挡的同质性获得力量。在春季雷暴的黑暗中，加油站和杂货店里充满了关于天气及其对农作物影响的轻松而热烈的交谈，表达清晰而友善。持续的乡村音乐节奏无处不在，甚至在厕所里也能听到。在伊利诺伊州麦克多诺县（McDonough County）的 67 号国道上是心脏地带的标志性地理景象：大海一样浩瀚的黑土地就是农业财富，像科罗纳多这样从墨西哥出发北上的探险家是不了解其价值的。这些财富需要付出辛劳才能获得。溪流的数量成倍增加。我从伊利诺伊州的汉密尔顿（Hamilton）渡过密西西比河，进入艾奥瓦州的基奥卡克（Keokuk），深入密苏里州，然后渡过得梅因河回到艾奥瓦州。东部的森林重新出现，然后渐渐消失，然后再次出现，这时的大草原变成了绿色山丘的海洋，温柔而起伏，到处都是黑色的牛群。因为大草原太大了，所以它有无穷无尽的地理环境变化。

历史标识一路都有。每个地方都为它自己的历史感到骄傲。美国越是全球化，就会有越来越多的人探究当地在定居北美大陆和扩大民主方面发挥了什么样的作用。军事历史——19 世纪时为了管理印第安人事务而在大草原、大平原和山区构筑要塞——对当地民众最为重要，接下来依次是定居活动、妇女和非洲裔美国人平权运动、建立工会等。对公众来说，没有比这些标识和国家公园管理员的讲解更容易了解历史的途径了。这是正确无误的、富有洞察力的、至关重要和兼顾各方的，不受学术潮流的影响，对开创性的学术作品还有所了解。

与此同时，两个美国 ① 的故事继续上演着：高脂肪的快餐食品所散发出的工业气味和得梅因一家高档餐厅里橡木桶熟成的霞多丽

---

① 在 2004 年美国总统竞选阶段，民主党候选人克里指责时任总统小布什的经济政策导致美国社会出现严重分化。克里说自己眼里有两个美国：一个富人的美国和一个穷人的美国。

葡萄酒对味蕾的刺激。得梅因是艾奥瓦州首府，这里的食物和闪闪发光的建筑表现出满满的浮华而时尚的繁荣——这是不依赖州政府的保险业的馈赠。艾奥瓦州没有一座像芝加哥一样的城市来削弱得梅因的地位。我感到万物都远离了冷清而破旧的斯普林菲尔德。

　　由于两岸的建筑物，在艾奥瓦州的康瑟尔布拉夫斯（Council Bluffs）和内布拉斯加州的奥马哈（Omaha），密苏里河几乎消失了。这些城市的"巨人症"是可怕的。每一条坡道、每一条高速公路的车道、每一座停车场、每一座购物中心和购物中心与停车场之间的空间，以及购物中心里各大餐厅中桌子之间的空间，都规模庞大而彼此疏远，从而加剧了孤独感。但它不是不切实际的，或故意施加的。不，康瑟尔布拉夫斯和奥马哈的总体结构——这种完全深植于心理状态的空间使用方式——只是表明这里有很多空间。没有必要把东西做得更小。这就是美国的情况，也是其乐观主义和对各种精英和贵族——他们要求限制空间，以增加土地的价值，然后获得社会地位——敌视的根源。这是美洲大陆和欧亚大陆的一个重要区别。边疆思维方式的实质是几乎无限的空间。在奥马哈，美国西部观念是无所不在的。

　　人类需要美学，而美学又需要一种限度感和比例感。这是空间过多会带来危险的原因。太多的空间会导致妄自尊大，美国会不时地自食恶果。美国侵略的终极原因——对于其所传播的价值观念的信仰——是对空间的征服。但是城市与郊区的扩张和城市中心的复兴使空间变得日益紧张，越来越紧缺的水资源也加强了对增长的限制——阻止了向沙漠地带的进一步扩张——美国如果要继续繁荣下去，就必须在其本能和目标上有所节制，特别是在世界大环境越发混乱和不稳定的情况下。

1893 年，历史学家弗雷德里克·杰克逊·特纳（Frederick Jackson Turner）[1] 发表了著名的言论，宣布美国的边疆时代结束了，从而美国文化中一个特别活跃的流派也结束了。但从奥马哈的情况看来，边疆尚未完全封闭。北美大陆太大了，仍然有可以扩展的地方。此外，"边疆"这个观念在美国存在的时间长到足以保持一种根深蒂固的民族性格，尽管它越来越微弱而不易察觉。只要看看自特纳时代以来，美国的外交政策和国际影响力的扩张即可。

现在，世界本身已经成为美国的边疆。这既是一种上帝的恩宠，也是一种灾难。奥马哈的空间布局提供了一种令人不安的、几乎是对美国帝国野心的潜意识解释。

---

[1]　弗雷德里克·杰克逊·特纳（1861—1932），美国历史学家。1893 年，特纳在美国历史协会年会上宣读《边疆在美国历史上的重要性》一文，提出"边疆理论"，奠定了他在美国史学界的地位。该学说对美国的史学研究产生重大影响，并由此形成一个颇具影响、在美国史学界占据统治地位长达 40 年之久的"边疆学派"。

第四章 东西地理环境札记

　　房子和购物中心像是夜晚出现的舞台道具。我紧紧闭上眼睛，奥马哈枝繁叶茂的北郊消失了。我想象在我面前的是美国历史的转折点。转折从这个地方开始，这里是——到达更荒凉的大平原前——草原上最后的前哨之一，因为位于这里的正是冬季安营驻地（Winter Quarters）。1847 年，詹姆斯·波尔克担任总统的第三年，148 名摩门教开拓者从这里开始长途跋涉，到达犹他州的大盆地，最后到达盐湖谷。这发生在铁路开通之前，这些开拓者所遇到的困难几乎是不可想象的。长途跋涉，用华莱士·斯特格纳的话来说，是"一场重要仪式，这个决定性的、全身心投入的、不朽的行动将引领"摩门教徒进入天国，进入锡安山。世俗主义者根本无法知道摩门教信仰的"原意"，更不用说对其展开想象。因为等待着他们的圣地不是在中东，而是在美国西部。上帝的介入为他们扫清了道路。河流结冰以支撑他们的马车渡河，鹌鹑从天而降，落向饥饿的开拓者，如同甘露落向以色列人一样。这些奇迹发生在摩门教徒所逃离的密苏里州和伊利诺伊州爆发针对他们的屠杀、夜间袭击、谋杀、诉讼和其他迫害行为之后。密苏里州州长不就在 1838 年 10 月 27 日命令州卫队将摩门教徒"从本州消灭或驱逐"吗？[1]

　　一些加害者在某种程度上是正确的。摩门教教义的核心是高度组织化，反对喧嚣吵闹的民主及其所强调的个人主义，而美国边疆恰恰是建立在民主和个人主义之上的。事实上，摩门教徒中，特别是在他们更加极端的分裂派别和其他分支中，往往充斥着暴力和堕落：不能容忍异议，被不切实际的幻想甚至偶尔发生的黩武主义和暴行吸引。我不会赋予他们或美国边疆以浪漫主义色彩。布坎南总统于 1857 年派美国军队前往犹他州征服他们。正如斯特格纳在《集聚锡安山》（*The Gathering of Zion*）中解释的，摩门教"颂扬服从的集体，而不是自由的个体……他们在大盆地建造的不是一个州，也不是一个共和国，而是一个王国"。它是"等级制、神权制和父权制的"。

　　然而，作为一支宗教族群，他们确实构成了西进运动的一部分。因为他们的纪律性、组织性和系统性在"命定扩张论"的历史上是前无古人、后无来者的，所以他们如此强调共有和集体，看起来似乎有些不像美国人。他们可能正是采用这种具有严格约束力的集体策略来敲开美洲大陆最敌对、最缺水地区的大门的。甚至有人认为，只有摩门教徒才能在大盆地定居。摩门教徒沿着"逃亡"到大盐湖的线路修建道路、桥梁和社区。现如今在内布拉斯加州和附近各州，主要的公路和铁路都始于最初的摩门步道（Mormon Trail）。事实上在 1849 年，前往加利福尼亚州和俄勒冈州的道路有三分之一是摩门步道。在受限的条件下工作以克服极限，这是集体对个人的胜利。

　　在奥马哈北部的冬季安营驻地，摩门教徒离开了稳定的合众国领土，进入了印第安人的势力范围。火灾发生后，他们祈祷并迅速而悄无声息地躲进毯子中，如斯特格纳所说，他们只接受自己的卫兵和口令的保护。1847 年 6 月 27 日，他们长途跋涉越过怀俄明州的南山口进入"庇护"之地。[2] 在他们心目中，他们会将自己从异教徒中区分出来；事实上，他们正在为美利坚帝国开疆拓土，而个人自由与此完全没有关系。

2001 年，摩门教尖耸耀眼的白色教堂在奥马哈北部拔地而起，以纪念当年的冬季安营驻地，这似乎表现出一种对行为和信仰的极端清洁，是一种不同于纯洁的东西，是宗教和意识形态在一定程度上的结合。几周后我会前往盐湖城的摩门教堂，它拥有 2.7 米厚的花岗岩墙壁，由摩门教大礼拜堂、大会堂、会议中心、历史博物馆、两个图书馆、两个游客中心和雄伟的行政大楼组成——所有这些建筑都矗立于被悉心照料的花园之中，摩门教徒微笑着祝愿每位游客都将拥有美好的一天。这种惊人财富所营造出的氛围是奋发努力、企业模式的宗教团体的产物。这绝对是最黑暗化的美国风格。

你不禁想到了征服西部所固有的狂热。尽管"命定扩张论"这一传统观念蕴含着乐观主义和英雄主义，但是我们必须铭记那些难以启齿的杀戮和对原住民文明大规模的灭绝。对于信念的狂热达到这种程度可能有其阴暗面。即便美国军队对印第安人进行了杀戮和强行的重新安置，摩门教徒也是这项帝国事业的中心。然而，如果美国没有征服西部，从而成为两洋大国，那么难以想象现在的世界将是怎样的。我并不是在为此辩解，而是又一次指出了其中的道德困境。美国能够成为现在的样子，摩门教徒做出了远超其占总人口比例的贡献。但直到今天，他们仍然受到种种限制。在盐湖城，曾占据天际的摩门教教堂消失在附近的高层酒店和富丽堂皇的写字楼中，而教堂广场对面是一个购物广场以及巨大的"诺德斯特龙百货"（Nordstrom）的标志。在稍远一点的地方，坐落着生产精酿啤酒和葡萄酒的酿酒厂，它们的顾客是身材苗条的年轻人，穿着打扮和纽约或欧洲大城市的年轻人无异，他们中的多数人在本地从事软件行业。这座由摩门教领袖杨百翰（Brigham Young）于 1847 年建立起的城市如今是全球国际化网络——及其一切所谓罪恶——的一部分。我这次旅程所看到的美国正处于融入世界文明的最终转变过程中。地方独特性正在慢慢消失，这使得把握其过去和地理环境的真实情况变得更加重要了。

内布拉斯加州首府林肯市以西，地面明显地逐渐向上抬升。视野更广阔了，空气更稀薄了。有一则变革的传闻。一些事情已经发生。小麦开始排挤玉米和大豆。第一座巨型灌溉枢纽出现了，由于地下水开始干涸，河渠的水量突然减少，成了间歇性的小溪。州际公路的限速提高到每小时 120 千米，道路笔直。80 号州际公路位于有 150 年历史的货运和驿马线路之上，通往摩门教和印第安人控制的地盘以及淘金潮地区。我来到了普拉特中央谷地（Central Platte Valley）。

普拉特河的北面是摩门步道，南面是俄勒冈小道（Oregon Trail）和驿马快信（Pony Express）的道路。横贯大陆的铁路从这里经过，比如如今的联合太平洋铁路公司的铁路。旅客们的汽车消失了，取而代之的是 18 轮大卡车。这些 18 个轮子的车要比东部地区的长，拥有更宽的轴距和更大的驾驶室及货厢，经常用于运送牛肉和谷物，两名司机可以交替使用驾驶室内的卧铺位。我从未见过这样的卡车。现在你进入了真正的西部，公路、水路密集的主干网络和人口节点消失了，剩下的道路和河流成为东部连接人口稠密的太平洋沿岸地区的重要交通命脉。艾奥瓦州有大量的树木、黑土以及充满活力的绿荫，这意味着人类的染指——随着道路蜿蜒起伏——几乎是不可挽回的。南北方向上的地理环境已到尽头，取而代之的是东西方向上的，天空扩大了，云则更加贴近地面了。

　　我迷上了 18 轮大卡车。我记得我父亲的疲劳就源自每天开整晚的车。对他来说，带我们长途旅行当然是一种牺牲，因为不得不在休假日开更长时间的车。

　　风刮起来了，而且在持续。由于缺少明显的地理环境特征，加油站的招牌会在你双眼肿胀、布满血丝的时候突然出现。我在内布拉斯加州的科扎德（Cozad）跨过了西经 100 度线。公路的每一段都是专门为武装部队设计修建的。几乎每一块历史标识都是关于保护铁路、电报线路和驿传线路免受印第安人侵扰的军队要塞。我稍后读到的一块标识讲述了"开拓者和殉道传教士"纳西莎·惠特曼（Narcissa Whitman）为人熟知的故事，1836 年她沿着普拉特河北岸骑行，"成为第一位穿越美洲大陆的白人女性"，1847 年她与丈夫马库斯在华盛顿州的沃拉沃拉（Walla Walla）传教时被"卡尤塞印第安人（Cayuse Indians）杀害"。（那里的印第安人因白人将麻疹传染给他们而理所当然地愤怒了。）这些英勇无畏、激励人心的故事，以通俗易懂的语言坦诚而详尽地写出来，我读起来很痛心。这里讲授的古老历史如今已不常出现在大中小学的课堂上了，其中西部的故事被简化成暴行。确实，历史研究是打败民族沙文主义的必要条件。我们了解的历史越多，过去的情况就会越详尽，我们就可以更现实地对待它。但是，如果没有一些有用的历史，就不可能积极地影响地缘政治。我们如果不能从过去获得灵感，我们如何知道去往哪里？学院派造成了很多破坏，而不是充分的启发。我们需要适当的平衡。

　　我还随身携带了一本受到尊崇的书——沃尔特·普雷斯科特·韦布（Walter Prescott Webb）于 1931 年出版的《大平原》（*The Great Plains*）。它比德沃托的大作《1846：决定之年》早出版了 11 年，德

沃托也受到了该书的一定启发。终其一生于得克萨斯州的韦布有
一个主题：大平原是解开奥秘——美国是什么和美国能够成为什
么——的关键。"大平原环境的显著气候特征……是缺乏最基本的
气候要素——水。"韦布认为这种缺乏不仅包括动植物的生命，也
包括人的生命和人的活动。因此，美国地理的主要分界线是横贯北
达科他州、南达科他州、内布拉斯加州、堪萨斯州、俄克拉何马州
和得克萨斯州的西经 100 度线。从这条看不见的线往西，直到太平
洋沿岸各州，在这片平坦而单调的大地上，年平均降水量只有 508
毫米。干旱的西部就是这样划界的。而在这贫瘠的土地上，矮草取
代了高草。这条经线以东，一直到大西洋，一路树木葱郁；以西则
是光秃秃的，当然靠近太平洋的西北部是明显的例外。拥有封闭式
全景的南北景观让位于广阔的东西景观。大草原上极度均匀和快速
的风如同海边的一样强烈。然后韦布详细地介绍了平原上风的类型，
比如钦诺克风（Chinook）①、北风和暴风雪；如同德沃托的书一样，
这是一部解释美国命运的地理学著作。[3]

　　大平原适合吃矮草的美洲野牛，在欧洲文明到来之前，个别种
群的数量一度达到数百万只。印第安人依赖于美洲野牛，后者满足
了前者"衣、食、住"的需求。大平原塑造了印第安人游牧、非农
业的生活方式，以及对抗欧洲文明的勇敢坚持。印第安人和大平原
一样没有适应 18 世纪初引入的马文化，又一次是地理的缘故。大平
原上的印第安人——科曼奇族人（Comanche）、夏安族人（Cheyenne）、
苏族人（Sioux）等等——就像缺少木材和水一样，是阻碍欧洲人定

① 钦诺克风又译为奇努克风，指从海上吹向美国西北部海岸一带的湿暖风或从落基山脉东
坡吹下的干暖风。

居的重要因素。[4]

美国的历史取决于开拓者适应大平原，即他们一开始所认为的"美洲大沙漠"的历史——通过阅读韦布的著作——这一观点变得清晰。确实，美国从东部到西部的地理取向是成功的奋斗在观念上和制图上所催生的结果，并伴随着一代代国民开始认识到这一点。俄勒冈小道所体现的英雄主义不在于吞并俄勒冈地区——其境内众多地方水源丰沛、树木茂盛，同东海岸相似——而首先在于实际到达了俄勒冈州。

韦布提出观点——大平原阻止了奴隶制的传播；并预测了南方邦联的失败。正如韦布所解释的，"内战冲突各方的主要差别和分歧是经济上的"。南方体系是以"种植园及主要农作物和奴隶劳动"为基础的。北方体系则基于"小农场、自由劳动力和新兴的工业"。在1812年战争结束之前，这两个制度就已经建立起来，在这之后的头二十年里，它们之间的竞争得到了充分的认可。只要两个体系能以同等的速度向西推进，平衡就会保持稳定，对抗就会陷入僵持局面。尽管总体来说大平原是开拓者的障碍，但"它对于南方的阻力要大于对北方的阻力"。无论多么艰苦，北方体系能够适应干旱；南方的棉花文化则不能。因此奴隶制是注定要失败的。[5]

韦布写道，大平原，特别是以得克萨斯州和俄克拉何马州为中心的南部大平原也发展出了牛仔传统，大平原为牛仔在大范围内管理大量牛群提供了完美的自然环境。我们所熟知的牛仔文化是出现在干旱和树木稀少的地区的，包括马、套索和六发式的左轮手枪。在半沙漠的广阔地区，由于干旱，人口稀疏，人与人距离很远，人们要"自力更生"。自力更生是西部边疆居民的基本要素和根本态度。韦布解释说："过去的西部人除了无畏，别无选择。"[6]是的，勇气也是由地理塑造的。地理是如此的空洞和可怕，它本身鼓励了一定程度的冒险行为——这成为美国人性格的一个基本方面。

从未有任何事物像大平原一样震撼了盎格鲁—欧洲人，并改变了其性格，大平原为其提供了一种看待自然世界的视角，这是在大西洋的两岸从未发生过的。在欧洲和东部各州，以及在草原上（虽然程度较小），良好的地理条件，以及河流、港口和安全感，促进了高雅文化的发展。但是在树木稀少的美洲大沙漠中，西部首先被认为是壮观的、危险的和浪漫的。就我们所知，美国在某种程度上是以这种新视角诞生的。这样的地理环境让人感到孤独、敬畏、兴奋和抑郁。只要看一看 1890 年的美国铁路地图，就可以了解到人们灵魂变化的深刻程度。在西经 98 度线或西经 100 度线的东面（随你挑），地图上几乎都是黑色的铁路线；在经线以西，降雨量骤然减少，铁路线也跟着停下且极为少见。19、20 世纪之交的美国正处于黯淡的东部和光明的西部的交叉路口。

听听韦布的话：

> 最重要的事实是，西部不能被认为仅仅是东部的延伸。虽然"现在的根源深藏于过去"，但这并不意味着现在的结果是相同的，或者说，西部的结果与东方的结果是相同的。这样的一个公式会破坏历史上的可变量，并使之成为一门精确的科学。在历史上，差异比相似之处更为重要。当我们对这些部分进行比较研究时，呈现出的主要事实是以对比一词来表达的。[7]

清晨 6∶00 的早餐，闻到了煎培根的味道。汽车旅馆中形形色色的客人，全部都是外地人，以一种近乎兴奋的情绪相互问候。清晨的芳香意味着新的一天，一切都在期待之中。到 6：30，在与巨型加油站和州际公路毗邻的停车场上，货车、房车和城市越野车开始发动。行驶在路上的美国人是最自我，也是最可爱的。美利坚是闲不住的国家。冒险主义无论好坏，都与乐观主义相伴。

　　一种成就感油然而生：不是实现职业成就，而是一种更持久、更强大的东西，跨越了遥远的距离。自三周前离家以来，我第一次感到，到达太平洋海岸的目标似乎并不遥远。一个小时的车程后，我进入了山地时区 ①。一块历史标识显示，从 1841 年开始，数十万移民以及其他一些人曾沿着同一条路线前往西部。从这里开始，道路和山口本身就是遗迹；同东部相比，它们很少是修建的。烟囱岩——自谷底升出 91 米，相距数千米都能看见——是一座砂岩，它的顶峰是由黏土以及更多砂岩和火山灰形成的。它看起来像一只倒置的漏斗。这一地质现象在这里被尊崇为爱国主义象征，因为它是前往俄勒冈、加利福尼亚，以及沿摩门步道迁徙的开拓者们的交汇点。在全球旅行的喷气式飞机时代，我们可能难以理解这座遗迹为 19 世纪前往西部的移民带来的力量——他们自艾奥瓦州的康瑟尔布拉夫斯出发，在辚辚的马车上经历严寒和酷热，已经走了 724 千米。自 18 世纪末以来，福吉谷的地理环境已经发生了变化；而这里没有。在这里，你可以感受到美利坚民族残酷无情的鲜血和土壤。

　　开拓者将麻疹和霍乱带给了苏族拉科塔部落（Lakota Sioux）和

———————————

① 　美国山地时区包括新墨西哥、亚利桑那、科罗拉多、犹他、怀俄明、蒙大拿和爱达荷这七个州的全境，北达科他、南达科他、内布拉斯加和堪萨斯这四个州的西部地区，以及得克萨斯州的西南地区，代表城市是盐湖城，与北京时间相差 14 个小时。

夏安族，后者只是在白人定居者的涓涓细流汇成洪流后才开始反对移民的。本土文明是同环境息息相关的。它是有效的。这高原之上纵有成千上万的野牛，仍有一种挥之不去的可怕的缺失感，特别是当你静立不动，集中片刻注意力注视着这片空旷之地的时候。严重的罪过如鲠在喉。通过指出先进的工业文明取代本土文明所带来的一切好处，你试图吞下它但又无法做到。然而，你还是要呼吸的。美国——为在这里犯下的罪行——赎罪的唯一方式是利用征服大陆后得到的力量，继续在世界上行善。东部地区的陆路和水路交通拥堵且人员密集，缺水的西部拥有广阔的空间和相对较少的交通道路。正如德沃托在其著作中巧妙展示的，征服西部是一个帝国无可争议的冒险尝试。即使最开明的帝国也是残酷无情的。

　　我正在 26 号公路上，沿着内布拉斯加州的北普拉特河向西行驶。随着高原逐渐隆起，车辆和住宅几乎都消失了，四周是死一般的寂静，除了燕雀和鹨鸟的刺耳叫声。受风雨侵蚀的岩丘耸立在长满矮草的高原之上。荒野中的浅沟标示出俄勒冈小道的马车辙。尽管我知道杰布·布什因对于伊拉克战争的错误表述而在媒体面前备受煎熬，但每次我在商店和加油站前停下来时，都没有听到任何有关政治的对话。杂货店柜台的人们在谈论"麻烦之树"（shit tree）沙枣树在北普拉特河沿岸——棉白杨和红香杉才是本地树种——造成的损害。联合太平洋铁路公司的货运列车持续不断地一趟接着一趟，它们行驶的方向与我相反，将怀俄明州等地的煤炭运往东部。你们总是能读到一些关于风能和太阳能的东西，而我将在遥远的西部看到一些风能和太阳能发电站。但煤炭是旅行者眼中的主角。我们仍将有很长一段时间处于化石燃料时代，即美国充当霸主的时代。

　　然而，即便如此空旷，经济和社会分裂的早期迹象也没有停止。即使在内布拉斯加州的西北边陲地区，也有一两个餐厅供应精选配料的希腊沙拉和各式红酒，人们独自或成双成对地坐在里面，安静地摆弄着智能手机；手机营造的虚拟世界成了他们的归宿，他们越来越习惯于在其中传递所有的忧虑和恐惧，而他们每晚真正睡觉的地方越来越不真实了。而在其他地方甚至没有连锁餐厅，水准在连锁餐厅之下的餐厅只能供应流水线式的粗制食物，它们的顾客主要是一贯礼貌且有相同生活方式的工薪阶层，他们会谈论牛群以及遇到的育儿问题和收支问题。我在这些城镇看到的许多住宅都是就地固定的移动式住宅。在这里有一丝转瞬即逝的感觉（不是和智能手机相关的那种虚拟的转瞬即逝），人们使用现金，硬币仍然是很重要的，即使是这空旷和令人惊叹的地理环境也会让你渴望亲密和永恒。

　　我所推崇并伴我旅行的第三本书可以算是承袭前两本书。这本书是华莱士·斯特格纳在1954年出版的《跨越西经100度线》，此书是向德沃托致敬的，并在一定程度上受到了韦布的启发。我认为美国权力的基本原则及其用处是这三位在20世纪中叶的几十年里建立起来的，即使这并不是他们打算做的。他们只是在19世纪的意义上学习地理学——因为地理是研究历史和文化的起点——这通常比20世纪的政治学方法论更具启发性。他们的书构成了准则，如若没有，美国在全球和地缘政治中的地位就更难理解了。

　　后来的华莱士·斯特格纳被公认为伟大的小说家，但我认为《跨越西经100度线》才是他最重要的著作，因为此书充分确立了他西部问题专家的声誉，他比东海岸的精英更深刻地理解他的祖国因何而强大。他在第三页写道："整个大陆内部巨大的凹形地区证明了地理的统一效应，在这里，所有的东西都向着中心，而不是被中央山脉分离开来，人们不会像欧洲那样被分在数百个部落和国家，而一定是一个。"[8]是的，他在这里进一步阐明了德沃托在《帝国的进程》（于 1952 年出版）中的研究：地理仅仅在北美温带地区产生作用，在欧洲没有产生相似的作用。在这里起作用主要是因为平坦的心脏地带纵横交错着复杂的河流水系，与俄罗斯那些南北流向的大江大河不同，后者在广阔的土地上没有垂直相交，从而进一步削弱了心脏地带对横跨欧亚的土地的控制。我们大部分的相对力量来源于亿万年前地球演变出的自然形态。

斯特格纳从而明确了林肯——出身于大草原而自骨子里产生——的想法：大陆在地理上基本统一之后，在此之上必须建立政治统一。斯特格纳在书的剩余部分叙述了在地理上统一美国干旱的西半部分所产生的影响。他直接对比了两种景象。第一种景象来自安德鲁·杰克逊老友威廉·吉尔平（William Gilpin）的构想，建立在富饶大陆上的增长，以及随之而来的地缘政治权力没有受到限制。第二种景象基于军人、探险家、西部地理学家约翰·威斯利·鲍威尔少校（Major John Wesley Powell）的现实主义态度，这是以他的实际观察为依据的，所以他明确提出，由于美国西部的大片地区缺水，发展必须严格控制。换言之，尽管地理赋予了美国人民在政治上的统一，但这并不意味着他们所能做的和所能取得的成就是无限的。美国地理讲述了一个有限的约束和永无止境的地平线的故事。

斯特格纳的书证明鲍威尔的眼光是正确的，因此鲍威尔成了故事的主人公。鲍威尔是 19 世纪中叶西进美国的化身，他的童年在迁徙和潦倒中度过，从纽约顺俄亥俄河、密西西比河和密苏里河来到俄亥俄州、威斯康星州和伊利诺伊州。1862 年，夏伊洛战役期间，在内战中为联邦而战的他失去了一条小臂。斯特格纳写道，缺陷"对鲍威尔生活的影响就像一块石头掉进湍急的小溪里对河道的影响一样。像他这样的速度，仅仅能泛起一点泡沫"。鲍威尔一生中最伟大的壮举——而不是其他任何事情，使他对西部山区的危险性和限制性有了一个哲学取向——即他 1869 年从现在的怀俄明州出发，顺着格林河和科罗拉多河水系，穿过整个犹他州，到达亚利桑那州，这在当时是西部勘探最少的一大片地区。这些河流的精确走向还是未知的，大盆地地区在地图上一般都是"空白"的。[9]

险滩是令人毛骨悚然的，而与繁重的陆上运输路线紧邻的威严景象是平顶山、破碎的岩石、朱红色的峡谷和"奇形怪状的沙漠侵蚀"。鲍威尔的同伴以变质的熏肉和发霉的糕点充饥，以劣质的水解渴。现在构成犹他州国家公园并吸引数百万游客的地区是曾经绝对的孤独、危险和恐惧的地区，就像身处也门任何地方和沙特鲁卜哈利沙漠（Empty Quarter）的感觉。

斯特格纳写道："1869 年 7 月 6 日，一行九人从位于尤因塔谷地（Uinta Valley）的文明社会的最后据点投身到未知中。8 月 30 日，六人活着回来了。"[10]

他们揭开了美洲大陆上最后一块大的拼图，这块拼图缺少第一手的调查。"科学知识躺在表面，就像其中一些谷地的苔藓玛瑙和碧玉晶球，准备好被捧在手里，"斯特格纳继续写道，"鲍威尔已经在上面留下了痕迹。山岳、溪流和丘陵由他及同伴命名。"一页历史性篇章始于杰斐逊购买路易斯安那的 19 世纪初，70 年后，"低纬48 州"的地图勘探已基本完成。[11]

在随后的几年里，约翰·威斯利·鲍威尔在华盛顿方面设立机构时发挥了关键作用，这些机构旨在研究和规范对干旱西部的开发和移民。我们今天所知道的联邦政府的官僚权力来源于地质勘探局、国家公园管理局、国家森林管理局、海岸与陆地测量局、国际标准管理局、矿务局和垦务局——全都在一定程度上同勘探贫瘠的西部有关系。甚至有人认为，如果美国是从西向东拓展，而不是从东向西，一个更加集权的独裁政府将会执掌政权。美国自由之所以出现，部分是因为水资源丰富的 13 个殖民地几乎不需要调控。大自然的丰沛也延伸到了大草原的深处。艾奥瓦州的可耕地比例接近 100%，而犹他州的可耕地只占全部土地的 3%。因此，开拓者不能简单地占领犹他之地并使之繁荣。集权的政府当局所出台的严格指导方针要求他们兴旺发达。

鲍威尔的土地调查信息产生一个悖论：尽管落基山脉西部存在拓荒精神和个人主义的氛围，但这里的极度干旱条件要求公众利益优先于个人利益。鲍威尔的远见卓识意味着放任自由的终结，他所强调的对农业灌溉的集中管理将极大地增长华盛顿政府的权力。这就是事情的经过：从西经 95 度线到太平洋，"开垦，"斯特格纳写道，"已经重制了西部的地图。"庞大的人造大坝项目（胡佛水坝、大古力水坝和邦威水坝）、开凿运河、人工蓄滞洪区和水库（最著名的米德湖）几乎改变了美国一半的地理环境。[12]

西部宏伟的地理环境可能"超乎想象"并"粉碎预言"，产生了一种美国伟大的感觉，如果西部仅仅是东部在地理上的延伸，那这种感觉是根本不存在的（至少不在同一程度上）。[13] 然而，斯特格纳对于鲍威尔一生的叙述表明，西部地理环境——超乎景色优美的幻想——中的危险、极限和真实情况会让人害怕得大叫。虽然美国人尤其是知识分子拒绝认领这样的命运，北美大陆的物理特征以及开拓者们适应它们的方式，证明了这种命运的存在。我们不能总是做我们想做的事。其他因素也影响着我们的结果。因此，约翰·威斯利·鲍威尔成了斯特格纳、德沃托和韦布这类人的终极美国英雄。对于鲍威尔来说，只有物理事实和实际情况是不证自明的。

在内布拉斯加州和南达科他州的边境地区，异常壮丽的奥格拉拉（Oglala）和水牛峡国家草原（Buffalo Gap National Grasslands）分裂成了低矮的山岳，苏族的拉科塔人因其覆盖着深色的松树和云杉而称之为"黑山"。我通过一个大理石纪念碑入口——很像在华盛顿的名胜古迹——然后穿过露天的挂着50个州以及海外领地旗帜的石柱廊，每个州的名字和加入联邦的日期都刻在方柱上。最近的移民，从越南、伊拉克和阿富汗回来的老兵以及许多其他人正朝着观景台走去。声音安静得几乎到了寂静的程度。大家的目光望向山顶，那里有四位总统如神像一般的18米高的花岗岩头像，用雕刻家格曾·博格勒姆的话来说，"我们尽可能在靠近天空的地方"雕刻他们。

华盛顿、杰斐逊、林肯和西奥多·罗斯福，博格勒姆在这里开始工作的1926年是美国独立150周年，而这是当时最伟大的四位总统。花岗岩确保这些雕像至少可以完好保存1000年。当我驾车穿越北美大陆驶入这片旷野时，亲眼看到拉什莫尔山给我带来的冲击是看它照片所没有的。拉什莫尔山引起的震撼正是因为它的位置，它不在国会山，而是位于西部的山顶之上——原本路易斯安那购地案所包括的一部分。它承载着大陆的希望，这是先驱者乐观主义的结果。而这种乐观主义又是由民主政治和欧洲精英体系的瓦解所驱动的，这四位总统为开创和保障它做了很多工作。华盛顿和杰斐逊所开始的美国故事的高潮更多是在西部而不是东部。

这些雕刻的尺寸超过常人，但很奇怪，它们没有给人压抑或者图腾的感觉。它们不会让人害怕或是想起一些暴虐的力量。这些总统眼中的，是光明而不是黑暗。似乎每个人都在展望未来。博格勒姆的种族主义、反犹太主义以及法西斯倾向众所周知，他可能想创造一些神话和英雄主义而非民主的东西，又或者是两者兼具的东西，尽管他个人的思想不堪，但是这位雕刻家的努力确实产生了效果。美国和它的历史在这里步入神话，但这个光明的神话中存在着一些悲剧的视角，至少黑暗降临到了这些山上的原住民以及他们的生活方式上。

英国出生的哥伦比亚大学艺术史学家西蒙·沙玛（Simon Scha-ma）写道，"摩崖雕刻是通过能想象到的最有力的修辞、人类至上和对自然独一无二的占有"而表现的。换句话说，它是关于统治的。沙玛就艺术价值将博格勒姆同纳粹建筑师阿尔伯特·施佩尔（Albert Speer）① 相比较。沙玛认为"国会乏味而常常琐碎的争吵比山一侧四座巨型的花岗岩雕像"更好地代表了美国的民主。对于沙玛来说，博格勒姆靠着多山的"北美大陆屋脊"雕刻了这些巨像，恰好有意或无意地传递了"美国的真正本质：领土扩张"。[14] 当然，就艺术价值而言，沙玛贬低博格勒姆是很正确的。但拉什莫尔山无法满足

---

① 阿尔伯特·施佩尔(1905—1981)，德国建筑工程师，德意志第三帝国军备和战时生产部长。在希特勒授予全权的支持下，他主持整个战争经济，推行新的军事生产体制，动员工业界人士，挖掘经济潜力，大量使用战俘和强制的外国劳工以克服劳力不足，迅速提高军备生产，对纳粹德国后期的战争起了重大作用，被称为德国经济的"施佩尔时代"。1946 年在纽伦堡国际军事法庭以战争罪和违反人道罪判处 20 年徒刑。1966 年刑满出狱，1981 年病死于伦敦。著有《第三帝国内幕》。

审美鉴赏的标准并不意味着它是没有价值的：我父亲非常喜欢的约翰·菲利浦·苏萨所创作的振奋人心而气势宏大的进行曲自然无法企及莫扎特或贝多芬的作品，却能激发出健康的爱国主义情感，博格勒姆的雕刻也是同样的道理。

国会单调乏味的工作方式可能是一个比拉什莫尔山更好的民主纪念碑。但是像国会这样的机构——以及其全部僵局和不尽如人意但又必要的妥协——不能经常激励普通人。拉什莫尔山是必要的。它填补了一个空白。在看过它之后，人们会对自己的国家感觉更好，仅此而已。究竟是谁将拉什莫尔山当成一件艺术品的？它存在于艺术之外，并不是更大或更好的事物，而只是另一个范畴。艺术批评，就其性质而言，无法解释地缘政治；所以，我要问问，没有美国"领土扩张"——尽管在一些关键问题上，这样的做法在道德上是不正当的——整个世界就会更好吗？

与此同时，在南达科他州基斯通（Keystone）附近的旅游黑店里，许多服务生来自乌克兰、印度、尼泊尔等地。他们正努力留在美国——是的，这里仍然是机会之地。然而在观景台上则是低声细语和完全的缄默，这里的游客包括来自亚洲和拉丁美洲的移民，他们闲扯聊天、交流争论，告诉别人他们为了到达这里走了多远、经过了多少州。停车场的车牌来自全国各地。蜿蜒曲折而又破败不堪的基斯通就像是位于古老朝圣之地的巨大旅馆。附近巨大的纪念碑向他们展示了他们的共同之处。

在这里我看到了我旅行的弧线。它有一个目标。用数周时间从大陆的一端缓慢驾车到另一端一点也不奇怪。基斯通确切地告诉我我在做的事情，因为我所寻找的东西是实际存在的。

　　美国在世界地理史上的地位是什么？从北达科他州西部到怀俄明州东部的路上，我要求自己观察波浪起伏而又令人屏息的灌木蒿草原。正如我所提到的，美国是欧洲人在启蒙运动期间及之后所定居的最后一块资源丰富的温带地区。北美温带地区也是最大的地理边缘地带，受大洋保护而远离欧亚非"大陆岛"，后者被 20 世纪初英国地理学家哈尔福德·麦金德（Halford Mackinder）[①] 称作"东半球"。欧洲文明在这里处于完美的、受保护的状态，这里还有大量的内陆水道和规模之大尚未在其他地方发现的自然资源。自林肯平定南方叛乱以来，这赋予了美国在历史上不为人知的潜在的地理和政治力量。

　　事实上，第二次世界大战摧毁了欧洲和亚洲的地理环境和基础设施，而美国却毫发无损，这印证了地理对美国的眷顾。美国人——尤其是他们的政治和知识精英——仅仅因为他们没有像其他民族那样成为受害者而轻视地理，即使他们自己的过去和历史遗迹与之有很深的关联。在波兰、罗马尼亚、菲律宾、越南以及我作为记者到访过的其他地方，我总是听到"地理是我们的噩梦"的哀叹。在这里则没有——这里有肥沃的土地、丰富的矿藏、广阔的原野和提供保护的大洋。这些上天恩赐彻底改变了欧洲殖民者的政治、心理和哲学观念，使他们转变为美国人，而大平原则提供了最生动的例子。

　　但是，城市化、科技进步、人口绝对增长，以及国内外诸多其

---

① 哈尔福德·麦金德（1861—1947），英国地理学家与地缘政治学家。他于 1904 年在英国皇家地理学会做题为《历史的地理枢纽》的讲演，提出"陆心说"。他的思想归纳为三句名言："谁统治了东欧，谁就统治了大陆腹地；谁统治了大陆腹地，谁就统治了世界岛；谁统治了世界岛，谁就统治了世界。"

他变化的结合对地理优势的削弱速度，要远远超过风雨对花岗岩纪念碑的侵蚀速度；美国被迫依靠自身的特质，一种有好有坏的社会和政治文化。竞争越来越不利于美国。是的，科技确实缩小了地理上的距离，使其变得更加重要，也更加脆弱。敌人能够以一种他们此前不可企及的方式对付美国，迫使美国越发身陷世界事务中。但数天驾车穿过这高海拔的半沙漠地带，让人感觉外面的世界是多么抽象和遥远。除了造成大规模伤亡的袭击、一场惨烈的战争、一场横行的瘟疫或者其他类似的事情，许多美国人对外界危险——这是美国政府每天必须应对的问题——缺乏具体的了解。

　　在怀俄明州拉腊米堡（Fort Laramie）一家闷热的单间餐厅里，摆放着一个真人大小的女战斗机飞行员纸立牌，告知现役军人享受九折优惠。正如我所说，公路所及的西部各处都对军队表现出热忱。老兵一路上随处可见，他们骄傲地戴着有黑色和金色字母——表明他们曾参加过的战争或是服役过的舰艇和陆上部队——的球帽。在西部，柜台上的零钱罐不是为美国动物保护协会设立的，而是为海外战争退伍军人协会①设立的。伊拉克战争可能不受欢迎，但伤亡人数只加深了公众对军队的热爱。与欧洲——在第一次世界大战中

---

① 海外战争退伍军人协会是美国全国性退役军人组织，该组织前身可追溯到1898年美西战争。当时，众多伤兵回国无人过问，生活艰苦。随即美国各地出现各种民间退伍军人团体。随着美国海外战事增多，此类组织日益壮大。1914年，美国海外服役老兵协会、全美菲律宾军团老兵协会和美国海外服役退伍军人协会在宾夕法尼亚州匹兹堡举行的全国代表大会上合并成一个全国性的美国海外退伍军人协会。协会的基本宗旨是：通过保有最大的军事力量确保国家安全；促进国家为残疾和贫穷退伍军人恢复正常工作；帮助退伍军人的家属；通过爱国主义教育和对社会的建设性服务来增进对国家的忠诚。

有数百万人不明原因地死去，在第二次世界大战中很多国家要么同纳粹合作，要么保持中立——不同，具有边疆和移民社会特征的美国人同他们在世界数个国家的驻军联系紧密。世界主要强国中最牢固的军民关系，在根本上让美国能够维持高额的国防预算，进而在海外展示出咄咄逼人的姿态。在欧洲，尽管受到恐怖主义、海上难民、分崩离析的中东邻居和沉迷于复仇的俄罗斯的威胁，军队经常被平民看作穿着滑稽制服的公务员。而美国军人则享有更高的社会地位，虽然由于优越的地理位置，美国受到的威胁较小。因为美国的历史是从福吉谷向前推进的，因为美利坚对于边疆经历的记忆保存在西部的环境中，因为——如福克纳所想——南方是北美大陆最后一个清除森林的地区，从而保持着尚武的文化，所以美国人对他们军队的依恋是近乎浪漫的。军队也在征服着领土。

拉腊米堡原先是 1835 年建造的一圈杨木围栏，位于大平原西部边缘的拉腊米河和北普拉特河的交汇处，紧靠落基山脉山脚。经过一系列土坯结构的扩建，这里最终成为向西扩张的十字路口和跳板，并在 19 世纪晚期的印第安人战争中充当军事行动基地。印第安人、皮毛商人、山人、传教士、淘金者、牛仔、开拓者、自耕农、驿马信使、摩门教徒一度在这个贸易点和进山的安全小道上打照面。弗朗西斯·帕克曼从这里开始他对印第安人生活的旅行调查和著述，这在德沃托的书中有详细的说明和评论。有证据明确显示在西部地区，因印第安人暴力致死的白人移民人数，不足白人移民死亡总数的 2%。在拓荒潮变得太大而难以忽视之前，两种文化都害怕公开的战争，但是黑山附近的印第安人土地上发现了黄金，情况因而恶化了。其实，拉腊米堡更像是一个庞大的定居点而不是一座边境贸易站。这里建有士兵营房、军官宿舍以及舒适的仿维多利亚风格的外科医生住宅等等。一份证据将这里称作西部移民开拓者的"埃利斯岛"(Ellis Island)[1]。这座海拔超过1219米的边境贸易站饱受狂风摧残，实际上仍然是一块偏远的地方。即便是在今天，高原的边缘地带似乎仍然难以征服。

开拓者们把高原比作干燥的陆上海洋。随着我向西驶去，海拔高度继续攀升。这片海洋变得越来越汹涌，在长长的褐色和浅绿色的浪卷中缓缓进入云霄，而灌木蒿则是唯一显眼的植被。云像烛烟一样消散了，地平线上出现了铁红色的砂岩脊，遥远的距离清晰可见。我将在怀俄明州220号公路上经过阿尔科瓦大坝（Alcova Dam），那是大萧条时期富兰克林·德拉诺·罗斯福政府修建的第一个大型水利建设项目。很快，栽着常青树的低矮而昏暗的群山突然变成了雪白的花岗岩尖顶。经过这浩瀚骇人之地，抵达富饶而安逸的俄勒冈，或是像摩门教徒一样，抵达更荒凉、更不适宜居住的犹他大盆地并定居那里——要做到这一点，就要成为近乎掌握命运的民族。华莱士·斯特格纳、罗德里克·弗雷泽·纳什（Roderick Frazier Nash）和其他人注意到，自清教徒开始，涌入北美荒野中的欧洲移民常常将地理与希望本身等同起来。

历史标识、当地宣传手册和怀俄明州酒吧、餐馆菜单中的缩略史将俄勒冈、加利福尼亚和摩门步道的开拓者称为"移民"。定居西部意味着——几乎与从欧洲横渡大西洋一样——危险、孤注一掷的冒险和彻底的文化适应。与带有旧世界偏见的仅仅将美国视作欧洲对立面的人相比，认为定居西部是必要的移民经验的人所持有的

---

[1]　美国纽约市附近的小岛，1892年至1943年间是美国的移民检查站。

是一种更加进取的、驯服边疆的"美国例外论"观点。驯服边疆是含蓄的帝国做派。这两种意识也是美国在全球范围内采取军事行动并控制在一定道德界限内所必要的。"埃利斯岛"移民的实际经历将美国视为一个避难所，西进移民的开拓经历则将美国视作理想的待征服之地。

怀俄明州的杰弗里城（Jeffrey City）一直是繁荣的铀矿开采城镇，直到 20 世纪 80 年代，在环境和其他相关争议之下，铀的需求量突然减少了。现在人们坐在一家破旧的咖啡馆里，顾客们则钻进来买香烟。在怀俄明州东部和中部的定居点，我看到商店最大的招牌是香烟、咀嚼烟草和枪支。比如"埃布尔战术兵工厂"（The Armory at Able Tactical）提供"枪支、弹药、户外装备和枪械加工"。枪支文化是边疆文化的延伸，边疆文化在类似这样人口极少的地区继续存在。从地理学角度看，红色的边疆文化占据了美国的大部分地区，不仅包括大平原和落基山脉，也包括南方。但从人口统计学，即选举投票的角度来看，它正在慢慢萎缩。尽管如此，对于一大批在不断变化的世界文明中迷失方向、对生活感到失望的白人男性来说，枪支和轻型卡车为他们提供了身份和自尊的基础。像我这样开车穿越美国是为了能够回到过去，找到在拥挤的东部所缺失的特定视角——尽管如此，我最后还是要返回来，因为这些人所渴望的世界将不复存在。地理的无限就在这里，但人口的无限则存在于机场枢纽、城市和庞大的郊区，那里吸烟的人少得多、肥胖的人少得多，更多人感觉自己身处一种全球文明之中。

这仍然是一个不同凡响的边疆地理环境。福克纳的地理决定论——他写作的一个方面——仍然与我们在一起。然而，虽然南方（和西部）给美利坚带来了悲剧，但与此同时，西部荒野及其草原、平原和山脉也为美国人的国际野心提供了基础。因为倘若这无尽的浩瀚可以被征服，那么通过一些方式也可以征服世界。

　　起初，荒野为联邦政府权威的远大愿景提供了环境：森林和水资源的管理，以及随之而来的大型水坝和公路。这一愿景尽管直到19世纪末20世纪初才开始实现，但它正是林肯——他从总统任期伊始就坚定地相信国家统一——以一种非常简单的形式所理解的东西。地理力量转化成经济力量，并间接转化成教育力量，如数十所州立大学证明的那样。经济力量意味着无休止的社会动荡，到处是不公正和不平等的现象，这是活力本身的结果。这不是为了证明或接受这种不平等，而仅仅是把它们置于某个角度。这些巨大的不平等使美国人和他们的领导人又将视线收回到北美大陆，这里还有许多有待解决或改善的地方。这很复杂。正因为它是复杂的，美利坚在华盛顿的领导人必须是中立派和务实主义者，他们不想征服世界，也不想从世界舞台上退出。我尊重大陆内部固有的孤立主义冲动，人们不想讨论政治或是外交政策。与其说是因为这些讨论是具有辐射性的（毕竟民意调查显示，生活在同一个州和县的人们往往在这些问题上意见一致），倒不如说他们避开这样的讨论是因为它们远离了他们当前的关注。

　　但我也知道，美国已经处于一个漫长的旅程中，远离自己的历史，并逐渐沉浸于全球历史中。具有讽刺意味的是，要想在全球发挥效力，美国领导人必须根植于自己的土地之上。唯有自己的土地——我现在路过所看到的景象是有强烈冲击感的，但基本上是空旷的——能够正确地引导他们。

　　怀俄明的南山口是大陆分水岭，一个海拔超过2286米的高原。

当陆地碎裂成混乱而畸形的被白雪覆盖的山脊后，它出现在你面前。除了天空，几乎什么也看不见。这是穿过落基山脉的最重要的通道，是摩门教徒走过的地方。这是犹他州和大盆地延伸到亚利桑那州北部、内华达州和加利福尼亚州的可怕的自然场景的开端。现在开始瓦萨奇（Wasatch）、尤因塔和其他一些山脉会突然出现。这种势不可挡的地理环境让人忘却了时间，从而有助于后期圣徒（即摩门教徒）确认他们的确是在履行超出正常历史范畴的精神使命。是的，"美国例外论"可能是难以忍受的，但它在一定程度上是地理环境的产物。

征服这种地理环境，不仅征服了空间，而且征服了自然和非人的时间，从某种意义上说，这是通过改变许多地方的地理环境本身来完成的。当我驾车通过犹他州东北部的弗莱明峡大坝（Flaming Gorge Dam）时，一侧是巨大而平静的水库，另一侧则是令人眩晕的混凝土峭壁，它高153米，修建于1956年至1964年间，历经三位美国总统。朱红色岩石——约翰·威斯利·鲍威尔因其而将这里命名为弗莱明峡（英文意为"燃烧的峡谷"）——现在被淹没在水库下面。格林河（Green River）水系——鲍威尔和他的同伴曾屡次冒着灭顶风险，通过一个又一个又长又急的险滩——现在的水势是平缓的。

为了理解约翰·威斯利·鲍威尔的勇敢和成就，你必须来到犹他州中东部的格林里弗。你在盐湖城南部的州际公路上行驶一段时间，向东行驶201千米到达半沙漠地区。在1.5—2.1千米高度的清新空气中，形状扭曲的峡谷——淡橙色、朱红色、火红色、硫黄色、锌白色、煤黑色——向你展示了陶工全套泥土色彩的地理景观。我偶然发现一个小镇，或者更确切地说，是聚在一起的加油站和便利店。最终格林里弗在炎热的浩瀚之地上出现了。由于开着几家汽车旅馆，这个镇子比别的镇子大一些。鲍威尔和他的同伴投身于未在地图上绘制出的荒野，这荒野至今仍显而易见。这个地方是巩固大陆帝国的最后一个阶段。但是鲍威尔发现的更深刻和更相关的信息——他希望我们记住的——是在这种干旱的地理环境中，河流成为地平线上唯一为生命提供支持的要素，而这正要求美国在国内外的许多事情中做到克制、规划和谦逊。尽管有技术，但直到现在能居住在这里的人仍然很少。

西部的地理环境因不断出现的山脉和峡谷而让人难以承受。你的思绪在徘徊，因为视线之内荒无人烟而无法集中注意力。你的想法变得更抽象了。能听到的对话也越来越少。我看到在我眼前的哈得孙河画派，一批在 19 世纪中期出现的画家正在描绘纽约州哈得孙河流域及相邻的卡茨基尔山脉和阿迪朗达克山脉的地理景观。在接下来的几代人中，他们的题材向东延伸到新英格兰地区的海岸风光，向西延伸到落基山脉和内华达山脉的地理景观。就技艺而言，他们的作品堪比亨利·戴维·梭罗（Henry David Thoreau）和拉尔夫·沃尔多·爱默生（Ralph Waldo Emerson）的先验主义。托马斯·科尔（Thomas Cole）[1]、阿尔伯特·比兹塔特（Albert Bierstadt）[2]、弗雷德里克·埃德温·丘奇（Frederic Edwin Church）[3] 以及其他哈得孙河画派画家的全景风景画给人以清醒、安静、原始，以及标志性的几乎照片一般清晰

---

[1]　托马斯·科尔（1801—1848），美国画家。他是哈得孙河画派的创始人之一，他关于纽约和新英格兰地区的浪漫主义风景画最著名，如《白山峡谷》《美洲湖景》和《奥克斯博》。

[2]　阿尔伯特·比兹塔特（1830—1902），德裔美国画家，属于哈得孙河画派，有《约塞米特峡谷》《俄勒冈之路》和《落基山脉兰德峰》等名作传世。

[3]　弗雷德里克·埃德温·丘奇（1826—1900），美国画家，哈得孙河画派第二代核心人物，有《北极光》《热带雨季》等画作。

的感觉。他们画的是天堂，换句话说，他们将《圣经》或神谕的庄严赋予美国的地理景观，因而唤起了对它的冥想。这种自然环境的不受约束性与所有同政治自由相关的可能性几乎是对应的。因为所有的背景都是在美国，这些画家对美国地理背景的敬畏为美国新兴的民族主义提供了一个独特的艺术层次（虽然也许没有意义）。增加这风景艺术效果的是工业化的威胁以及 19 世纪以来大众社会最初的萌芽，而这些田园旷野的背景则提供一个喘息的机会。这些艺术作品象征着独特的美国美学。欣赏哈得孙河画派的作品不妨伴着德沃托和斯特格纳的散文。这些画作为罗伯特·弗罗斯特（Robert Frost）① 的诗《天赐之礼》（"The Gift Outright"）狂呼：这份景象壮丽的礼物，向想要创造一个伟大国家的居住者提出了挑战。[15] 这里是爱国主义和环保主义汇流的地方。当然，就像从中成长出来的哈得孙河画派和环境保护运动——包括斯特格纳和德沃托——对工业化的爱国主义的反应，以特大城市和远郊为特征的后工业世界目前也催生出了后民族主义的环境保护主义，后者及其产生的社会疏离感对传统爱国主义提出了挑战。

但即使是哈得孙河画派画家的视野也并非无所不包。至少，这是沃尔特·惠特曼的观点，他认为美国的伟大正是基于它粗野的愤怒和社会的动荡——它未经修饰和加工的品质，这些太平洋艺术家根本没有捕捉到（不过，公平地说，这么做也不是他们的目的）。[16]

---

① 罗伯特·弗罗斯特（1874—1963），20 世纪美国最受欢迎的诗人之一。他的诗歌从农村生活中汲取题材，与 19 世纪的诗人有很多共同之处。他曾四次赢得普利策奖，被称为"美国文学中的桂冠诗人"。他的代表作包括《一棵做证的树》《山间》《新罕布什尔》《西去的溪流》《又一片牧场》和《林间空地》等。

惠特曼的信念是，移民会把这个国家改造成横跨太平洋和其他大洋的喧嚣的世界文明，因为"个性原则"将逐渐消除文化差异。[17] 换言之，美国将成为世界，因此在世界上需要一个更大的、可定义的目标以维持其国家认同，并继续使用"我们的"和"我们"的表达方式，尽管不再那么频繁。

犹他州西南部的锡安国家公园及其高耸入云的乳白色砂岩纪念碑，是西部地理景观的集合。该公园的原名是"米邝杜域"（Mukuntuweap），在南派尤特语中意为"陡峭的峡谷"。1918 年，作为营销手段，更名为与摩门教徒有关的"锡安"。但这里在历史上是印第安人的土地，未来某天这个公园的名字可能会因此再改回来，就像麦金莱山（Mount McKinley）改名为德纳里山（Mount Denali）。为了充分理解自己是一个自由的世界大国，美国将不得不继续正视过去的罪行。这样的话，美国将不仅是精神上的帝国，还能比肩历史上的其他强国。

锡安国家公园的地理景观超凡脱俗，而此时此刻我已穷尽了赞美之词。不让自己反复表达很难，因为在密苏里州以西成百上千千米的地方有一个又一个的地理奇观。但是去公园的游客需要简单的交谈。衣着整洁的美国家庭——他们通过访问某个国家公园来向孩子们灌输爱国主义精神——不再蜂拥而至。游客更加多元化：首先有许多欧洲人，其次在美国人中有许多年轻的户外爱好者，他们携带着各式各样昂贵而复杂的装备。正如德沃托和斯特格纳这样的环境保护主义者——他们同时重视美国自己的历史——的思维模式已经演变成全球性的环境保护主义，锡安国家公园现在已经有了明显的后民族主义氛围。另外，在福吉谷和其他历史遗址，有不少亚裔和印裔的移民家庭；非裔美国人则比想象中少得多。考虑到美国历史上的污点，移民可能比奴隶的后裔和这些污点的受害者更容易接受历史。

我沿着内华达州南部的西班牙古道（Old Spanish Trail）行驶，这条路差不多横穿过美国西南部。简陋的木屋一样的营地提供烟花、香烟，贴着枪支广告，摆着老虎机。现在，美国西部呈现出空虚和缺水的景象。在西南部，这里的地理环境、矿渣场和灰白色的悬崖让我想起了美索不达米亚、阿富汗和也门，美国根本不是一个自然帝国——它是一个偶发的、贪婪的帝国，生活质量仍然处于不稳定的状态。这是一种沙漠文化，明亮的灯光、赌场、音乐和空调充当了生命维持系统。这块领土的大部分归属于"低纬 48 州"，只因为美国在 19 世纪同墨西哥的军事和政治竞争中取得了胜利；又一个在道德上存在争议的遗产后来帮助这个国家在下一个世纪的两场世界大战中取得了胜利。西班牙语文化的强势回归已经有几十年了，传统的美国新教文化不仅因新的全球文化而变得更加微妙，还因为旧世界特有的反宗教改革的天主教文化进入了南方，促使美国在全球性的大动乱中分裂。在这里，我感觉好像站在不稳定的地面上，好像大陆的边界根本不是天然的。

自 1940 年以来，墨西哥的人口增长了约 6 倍，大约是美国人口数量的三分之一，即便美国南部边境人口继续以更快的速度增长。与此同时，自 1994 年墨西哥与美国签署《北美自由贸易协定》以来，墨西哥北部的人口增长了一倍多。从南部边界到墨西哥城的数百千米途中，美元是常见的流通货币。一个新的区域国家（region-state）正在形成，包括墨西哥北部和美国西南部。这无关美国的衰退，即便墨西哥正在成为一个更具活力的第一世界经济体，而是关乎美国从其地理上的根基——温带地区——的转变。

鲍威尔和他的同伴于 1869 年到达附近的科罗拉多河。1928 年，国会和卡尔文·柯立芝（Calvin Coolidge）[1] 总统批准建造后来被称为胡佛水坝——以柯立芝的继任者赫伯特·胡佛（Herbert Hoover）[2] 的名字命名——的水利工程。大坝于 1935 年富兰克林·罗斯福总统执政时投产。大坝建造前，必须先修建四条疏导科罗拉多河的泄洪隧道，隧道壁有 0.9 米厚，直径达 17 米，长度从 1066 米到 1310 米不等。可移动的双层钻探设备就是为此目的发明的。这 4 条隧道在 19 个月内完成，比计划提前了 2 年。接下来是修建临时的土坝，迫使水进入泄洪隧道。真正建造大坝时，为了支撑竣工后的庞然大物，不得不清理了 41 米厚的泥沙以挖到基岩。胡佛水坝是西半球最大的拱形重力坝，这意味着以纯粹的力量将水保持在适当的位置。379 米宽的大坝顶部，一边是大坝本身，一边是大坝拦截出的 177 千米长的人工湖米德湖；建造大坝的混凝土块每个重达 1100 吨，高达 221.4 米，超过了华盛顿纪念碑和圣路易斯拱门。由于胡佛水坝，西南几

[1] 卡尔文·柯立芝（1872—1933），美国第 30 任总统。1920 年大选时作为沃伦·哈定的竞选伙伴成功当选第 29 任美国副总统。1923 年，哈定在任内病逝，柯立芝随即递补为总统。1924 年大选连任成功。政治上主张小政府，以古典自由派保守主义闻名。

[2] 赫伯特·胡佛（1874—1964），美国第 31 任总统。1929 年至 1933 年出任总统。总统任内，帮助恢复德国军事工业的实力，纵容日本侵略；在国内推行保护大资本家的"放任政策"，1932 年经济大危机时命令武装军警镇压失业工人和失业退伍军人，造成美国历史上臭名昭著的"星期四血腥大屠杀"。卸任后，一面从事"慈善救济"活动，一面以元老身份参与制定共和党的各项政策，成为共和党保守派的首领，以"孤立主义者"著称。

个州 4047 平方千米的农田得到了灌溉。大坝还为拉斯维加斯、洛杉矶、圣迭戈、菲尼克斯和图森的数百万居民提供了生活用水的水源。水坝复合体的悬臂塔将电力输送到所有临近的遍布沙漠的发电站，仿佛一些外星文明的标志一样，照亮了整个西南部。大坝上一个响亮的声音宣告，在胡佛水坝的光环下，你会感到"未来是无限的"，只要鼓足勇气，没有什么是人类所不能达到的。

我不是很确定。

胡佛水坝是现代世界伟大的工程奇迹之一，它创造了我们今天所知道的西南部。但这项工程同其他帝国和文明所建造的巨型项目有根本的区别。历史上伟大的水利工程、令人生畏的歌功颂德的建筑和工程项目往往是暴政的产物，因此也是奴隶的劳动成果。而奴隶没有参与胡佛水坝的建造。骄傲而自由的美国人建造了这个庞然大物。他们激烈竞争这份高薪工作，建筑工人像"高山攀登者"一样在距离峡谷边缘 274 米高的地方悬空作业。胡佛水坝所承载的意义与历史上许多其他类似的建筑工程截然不同。

事实上，地理只是美国故事的一半。另一半这本书本身并不关注：以世俗的新教信仰和早期现代英国议会传统为特征的欧洲文明的创造力，它在这里被重新安排，以便在一个前所未有的庞大民主国家中创造一定程度的经济效率和社会活力。所有这一切都融入了胡佛水坝的建造过程中，这项工程壮举现在让人引以为傲。

然而，这个苍白色的景观所透露出的死亡气息和震荡的热量让我感到惊讶。米德湖本身开始干涸，达到历史最低水位，周围形成一个肥皂圈。这将大大减少胡佛水坝生产的电力。多年干旱只是部分原因。根本原因是美国西南部文明——包括洛杉矶-圣迭戈的城市走廊——的生活方式不在可持续范围之内。草坪太多，高尔夫球场太多，生活用水太多。未来不可能是无限度的。美国文明可能会从这里开始收缩。

在内华达州杂乱无章的沙漠城市——充斥着荒谬、扭曲和腐蚀——中，赌博和相关娱乐活动的霓虹灯广告戛然而止，另一个牌子上写着"欢迎来到加利福尼亚"。沙漠再次回到原始状态，伊万帕太阳能发电站（Ivanpah Solar Power Facility）进一步强化了这个特点。这座未来主义的宏伟建筑利用镜面反射发电，几年前刚竣工，以自己的方式，像胡佛水坝一样给人带来强烈的视觉冲击，仿佛一个更先进的外星文明的产物。胡佛水坝很明显已经有了后继者，这证明美国善于创造发明，是的，也证明了边疆精神的延伸。

加利福尼亚州巴斯托（Barstow）位于莫哈韦沙漠（Mojave Desert）中，这片荒野的荒凉程度超出想象。我父亲曾追忆穿越西南部沙漠地带的经历，他盯着我们家卧室的墙壁，仿佛依然被太阳照得目眩。这里的旅馆毗邻公共汽车站和布满灰尘的直销店。一层的住宅和低端的连锁店催生出一种考古遗址的氛围，就好像这座城镇将很快被废弃。外出用餐最好的选择是奇利斯餐厅（Chili's）。通过平庸而浅薄的对话，我可以辨别出一些顾客是附近欧文堡国家训练中心（Fort Irwin National Training Center）——美军在这里为当前和未来的战斗做准备，从严密策划的对战到镇压叛乱——的承包商；这里的地理环境容易让人想到中东。在餐馆里用餐的还有小家庭、大家族和年轻人。人人都很有礼貌，尽管餐厅里播放着音乐，但大家交谈的声音很低。周围环境是脆弱的，但社会凝聚力看上去是牢固甚至是健康的。美学的缺乏符合美国固有的实事求是精神，这在购物中心这里达到了极致，定义了巴斯托的城市设计。

我现在几乎到了太平洋，但我仍然处于一种脆弱的沙漠文化中。这里的地理环境无益于国际观念。这个国家在我旅程早期经过的地方——大草原与大平原相交的地方——就被创造出来了，并且有足够的力量扩张到这里，直到后来遇到太平洋才退了回来。即便如此，两者之间的空间还没有被填满；相反，文明的发展脉络已经从一点被努力推进到另一点。奇利斯餐厅中的社会凝聚力是整个过程的高潮。

事实上，巴斯托是摩门走廊的西南前哨基地，是西班牙古道上的休息站，是军队遭遇派尤特人（Paiutes）的地方，也是联合太平洋铁路公司在拉斯维加斯和洛杉矶之间的铁路第一次同几条州际公路交汇的地方。这使得巴斯托成为大洛杉矶城郊向东延伸至沙漠这一地区——亦被称为"内陆帝国"——的交通枢纽。当然，这些是可以从任何百科全书上了解到的既成且完全不同的事实。使这些道路、铁路、公路统一在一起的是它们都与帝国最终占领、定居和发展大陆温带地区有关。我在这里——是我旅行中首次——直观地感受这个国家西南端的墨西哥边境。虽然征服不算赏心悦目，但力量是相对而言的。无论美国版图现状中的道德和地缘政治矛盾以及它是如何形成的，在 21 世纪初，美国在国内条件方面比欧洲、俄罗斯、中国和印度更具优势。

我在巴斯托——从太平洋沿岸和从墨西哥边境到这里都只需半天车程——思考美国的竞争对手。

战后开始的一体化计划已经过去 70 年，欧洲仍然被发源于地理、历史、语言和种族的各种内部矛盾所困。不论例外，北欧地区、地中海地区和巴尔干地区发展模式的差异已十分显著。比如，身为欧盟成员国的希腊和保加利亚与德国和法国相比是贫穷的第三世界国家。由于这些巨大的差异，欧洲各国在决策时仍绝对以国家利益而不是泛欧洲利益为依据。布鲁塞尔的欧盟官员或许会从欧洲的角度思考问题，但各成员国则不以为然。同时，欧洲面临着来自四面八方的威胁：东部是俄罗斯；东南是混乱而又激进的中东；南部则是来自北非和撒哈拉以南非洲的移民，因为欧洲的南部边界并不是与其真正接壤的地中海，而是撒哈拉沙漠。欧洲内部团结的时代可能已经过去了。

俄罗斯东西横跨地球上将近一半的经度线。与流经美洲大陆的河流不同，流经俄罗斯的河流不是呈对角而是垂直的，从而进一步支离了俄罗斯。因此，除了实行中央控制外，俄罗斯几乎难以实现有效的统治。俄罗斯能够进行防御的边界很少，这使其成为最不安全的陆上强国。除穆斯林和其他少数族裔以外，俄罗斯的人口正在下降。

中国与俄罗斯不同，处于同美国相似的温带地区。中国东部有数千千米的海岸线，西部则同拥有丰富能源和矿产资源的中亚地区接壤。中国30多年来的发展速度令人惊叹，堪比美国从内战结束到美西战争——通过这场战争美国首次迈入帝国行列——爆发期间的发展速度。但是比较中、美两国在地理方面的挑战，我们发现：美国东、西是两洋，北面是人口稀疏的中产阶级国家加拿大，南面是人口稠密但仍然贫穷的墨西哥；而中国在周边必须处理同美国盟国日本、韩国、菲律宾和澳大利亚等国的关系，还有同邻国俄罗斯和朝鲜的关系。

印度拥有优越的地理位置，被阿拉伯海、孟加拉湾、缅甸丛林和喜马拉雅山脉环绕着。尽管如此，印度还缺少独特的——如中国渭河流域和黄河下游地区这样的——人口结构。总体来说，印度河流系统产生的分离作用要超过统一作用。印度地处热带地区，而且有被从西北方向入侵的历史，这削弱了治理的连续性和经济的发展。当然，印度在政治上是稳定的，有显著的民主制度，并受到国家目标的驱动。印度有很大的潜力。它可能成为 21 世纪政治中重要的枢纽力量。但它在根本上缺乏在短期或中期内超越美国或同美国竞争的能力。

这已经足够明显了。而指出这点只是为了证明至少在传统地缘政治方面，美国仍然没有真正的竞争者。地理仍然是美国力量的绝对优势和来源。我用数周时间从东到西跨越世界上——或是历史上——最令人印象深刻的政治地理。

我又穿过了一系列的山脉，在淡淡的海风冲刷下，景象变得清晰起来。一个全球性的城市突然出现，就像我在东海岸看到的那些城市一样：干瘦而被阳光晒得黝黑的人；交通堵塞；植株修剪整齐且永无止境的郊区。到达圣迭戈港时，我发现一排巨大的灰色军舰停靠在它们的泊位上，朝向世界的其他地方。

第五章 中国

21 世纪初，鲜有像圣迭戈海军基地——美国太平洋舰队在"低纬 48 州"最主要的港口——这样能够生动而非凡地显示一国军力和国力的存在。50 多艘战争"巨兽"好像列队一样在巨大的码头上一字排开，绵延数千米，每艘水面舰艇和潜水艇都造价数十亿美元；护卫舰、驱逐舰、巡洋舰、两栖攻击舰和不一样的航空母舰——一艘航空母舰的成本高达 180 亿美元，并配有数十架喷气战斗机和多个空军中队。美国海军的 11 艘尼米兹级和福特级核动力超级航空母舰——它们的甲板可以容纳若干个足球场——是维持帝国的象征，能够在海岸几百千米以外的地方发动空袭，能够仅仅凭借其在海上的位置，而在不使用武力的情况下施加外交压力。事实上，一个单独的美国航母战斗群，包括其编队内的巡洋舰、驱逐舰、潜艇和其他船只（除核弹之外）组成了现代及后现代暴力破坏的最重要武器。美国拥有的航空母舰数量是其他任何一个国家的两倍以上，许多在数量上接近的竞争对手所拥有的航空母舰并没有被美国海军算作航空母舰——对于美军来说，它们只能算作小型的两栖攻击舰。

这是工业时代的海军，始于一个多世纪前西奥多·罗斯福建造的大白舰队——为了推进他的帝国愿景，这支海军舰队于 1907 年至

1909 年完成了环球航行。因为实际使用核武器（至少可以说）是非常困难的，所以自第二次世界大战结束以来，海军成了美国最重要的战略手段。

经过一个多月的行驶，我看到了泊满军舰的海岸线，我的长途跋涉是值得的。我下车以便能近距离观察这些舰船，我想起了曾在耶鲁和剑桥受过教育的历史学家和考古学家约翰·黑尔（John R. Hale）的评价，雅典海军是"自由和民主的象征"，也是"帝国野心的象征"，统治着 150 个岛屿和沿海城市。"没有雅典海军，"黑尔写道，"就没有帕特农神庙，没有索福克勒斯和欧里庇得斯的悲剧，没有柏拉图的《理想国》和亚里士多德的《政治学》。"古雅典的战舰"也是在整个希腊世界促进新民主政体的力量"。[1] 可以毫不夸张地说，美国海军在整个国家历史上，特别是自 20 世纪 40 年代以来发挥了类似的作用，即使程度不尽相同。

美国海军主要编入航母战斗群，与美国编号空军协同作战，以维持一个自由的海上秩序，保证美国盟友海上通航和能源通道的安全，海上劫掠被限制在作战空间的边缘地带，仅被视为一种外来滋扰。这就是美国为世界提供的主要地缘政治好处。尽管美国士兵和海军陆战队队员在肮脏和非常规的战争中作战和战死，但是正是这些军舰——无声的自由捍卫者——从空中提供支援，每天向大片土地投射炸弹。美国在阿富汗和伊拉克受挫，当地稳固而复杂的伊斯兰社会已经被证明是难以触及的，但是美国的力量仍然主要由海军和空军所承载，无论它们是否占据新闻头条。美国的陆地部队是为了防备不可预测的突发事件，而美国的海上和空中力量则确保了全球安全。海军是美国的先遣队，无论在和平时期还是战时，海军在世界各地的行动速度都是一样的。所以美国海军的 11 艘航空母舰都是至关重要的，从战略和声誉的角度来说，只要有一艘被敌方击沉或失去作战能力，就是堪比"9·11"事件的国家灾难。"命定扩张论"——投入巨大的经济财富和国家意志以征服大陆——在圣迭戈海军基地这里得到了最简明的诠释。这作为我旅行的终点正合适。

　　在过去的几十年里，我曾作为一名记者，花费数周乘"本福尔德"号导弹驱逐舰——一艘基地位于圣迭戈的阿利·伯克级导弹驱逐舰——横渡太平洋，穿越印尼群岛。我还曾花费更多时间乘"休斯敦"号核潜艇——一艘基地位于夏威夷珍珠港的洛杉矶级攻击核潜艇——待在太平洋里。当时，我同数百名20多岁的海员生活在狭小和灰色的空间里，在浩瀚的海洋里颠簸；当你以56千米左右的时速穿越太平洋时，太平洋的浩瀚真是不可思议。那些青年男女往往来自平坦而广阔的内陆地区——从最东部的草原到最西部的高平原（High Plains）①，都是我旅行曾到过的地方——他们在加入海军之前，从未见过海洋。然而对空间的征服存在于他们的灵魂之中，这好像是从他们的祖先那里继承下来的，他们配合默契，掌握着最复杂的电子战技艺以及严格的航海操作技术。每艘驱逐舰、潜艇、巡洋舰上都有300名以上的船员和军官，他们必须同航空母舰上的5000名舰组成员协调配合。他们就像海上的小城镇。美国的海军实力不仅建立在武器装备之上，也建立在世代的传统上，否则这些武器装备也无法起作用。美国征服干燥的大陆，包括其缺水的沙漠地区，是为了成为一个海洋国家。

---

① 高平原是美国平坦的草原地区，有时指大平原南部，有时特指埃斯塔卡多平原北部，按后一意义，高平原可包括得克萨斯州的最北端地带、新墨西哥州东北部、科罗拉多州东部和堪萨斯州最西部。经济以养牛，种植和开采石油、天然气为主。

分析国力时，地理因素不是结束，但无疑是开始。事实上，美国的地理位置是世界上最有利的：完美地分配了国家和全球责任。而阿拉斯加州和夏威夷州为美国在北部和中部太平洋地区部署军事力量提供了优越的地理位置，"低纬 48 州"受到了两大洋和加拿大北极地区的保护；南面只有墨西哥，它拥有相对年轻的 1.22 亿人口，加之中美洲更年轻人口的支撑，美国对光荣孤立与——对欧洲和亚洲的——海洋接触的结合被抑制在了有限的程度上。

这片大陆拥有广阔森林和肥沃土地，更不用说煤、铅、银和黄金等矿藏储备（而在 19 世纪下半叶还发现了大量碳氢化合物）。更重要的是，美国"低纬 48 州"所拥有的内河航道比世界其他地方加起来的还多。正如我们所看到的那样，密西西比河、密苏里河、俄亥俄河、阿肯色河和田纳西河水系呈对角而不是垂直地流经北美洲大陆，将全部的温带地区统一起来，这恰好是美国所占据的压倒性优势。这内河网络主要流经大陆的农垦区——土地肥沃的中西部地区，而不是沙漠地区，这鼓励了人口的流动，使得产品能够更容易地到达市场，并打通了对内陆地区的勘探和贸易。[2] 大陆多锯齿状的海岸线，因而有受到保护的天然深水港——特别是在东海岸，这促进了最初 13 个殖民地经济的强劲发展。此外，在东海岸和墨西哥湾沿岸，长长的障壁岛保护了锯齿状的沿海地区，这促进了大陆自身的航运业发展。所有这些因素都进一步促进了美国内河水系的商业实力，而密西西比河则像一支巨大的漏斗，流入墨西哥湾和加勒比海湾。

事实上，地理为这个西半球帝国奠定了基础。20 世纪 30 年代和 40 年代初，美国伟大的荷兰裔战略家尼古拉斯·斯皮克曼（Nicholas

Spykman）说，通过大陆向海洋的延伸，美国对大加勒比地区的有效控制将使美国统治西半球，并借助剩余的资源去影响东半球的均势。事实证明，这是 20 世纪最重要的地缘政治动力，因为在两次世界大战和随后的冷战中，美国都根据自身利益干预了力量平衡。这显然与很多事情有关，但是如果没有这样一个偶然的地理条件，那么我父亲在 1942 年看到的在伊利诺伊州开罗附近汇合的那些部队列车就显得不可思议了。

"低纬 48 州"的地理情况如下：邻近东海岸的原始殖民地拥有优质的天然港口，西边的阿巴拉契亚山脉在移民早期阶段为其提供了安全屏障。然而这道安全屏障的标志是，定居者可以通过山谷进入中西部的大草原，通过生产劳动（在这片平坦土地上种植），消除了移民社区之间的差异，形成了独特的美国文化。当这群西进的开拓者遇到真正难以对付的地理障碍——美国大沙漠时，已经很强大的民族认同感加上建造跨大陆铁路的技术将"命定扩张论"推向了高潮。美国人之所以成为一个伟大的民族，不仅是因为他们的民主和新教信仰（信仰同一个上帝以及辛勤工作，所有非新教移民都不知不觉地接受了），也是因为他们独特的地理条件。

因为这前所未有的地理优势使美国既能主导西半球的事务，也能插手东半球的事务，所以凭借其地理位置，美国的利益从欧洲到中国，遍布欧亚大陆。我必须强调，如果你认为欧亚非大陆是英国伟大的帝国地理学家哈尔福德·麦金德称为的"世界岛"[3]，那么北美就是能够影响世界岛的最重要的卫星陆块。密西西比河湍急的主干道接纳了流经大陆中心商业地带支流的汇入，涌入大加勒比地区，然后又（通过之后建成的巴拿马运河）流入各大洋，使美国自 19 世纪中叶就确立了它在其他——与美国共享太平洋或大西洋的——大陆的持久利益的核心。

当今世界为我们提供了美国介入的详细画面。这种介入，无论意图好坏，明智或是愚蠢，即使只是间接的，都是源自美国得天独厚的大陆性环境的特点。尽管间接地扮演着帝国的角色，包括治理（或帮助重建）利比亚、菲律宾以及战后的日本和德国等，但美国从未正式成为一个帝国。但是，美国在世界范围内的影响力，特别是美国在欧亚非大陆遇到的军事和外交挑战，以及普遍的挫折，都达到了帝国般的规模。这意味着美国的国际形势必须与之前的帝国的形势做历史的比较，即使美国人讨厌称自己为帝国。美国通过外交斗争和军事部署来防止敌对势力统治东半球，从而保障自身在西半球的安定。这是通过不道德的努力以求得一个道德的结果。这意味着我们支持欧洲的民主和社会福利国家，反对狭隘的和沉迷于复仇的俄罗斯，支持南亚和东亚的资本主义国家，反对中国。苏联已经解体了，但俄罗斯仍然是个庞然大物，其政府意味着美国必须制衡俄罗斯，这为美国介入遥远的——诸如乌克兰和阿富汗的——地方，提供了一些支持——尽管有限。

所有这些都是为什么美国必须通过第七舰队的存在管理太平洋，并向欧洲的北约提供大量支持的背景。如果在欧洲没有北约，在中国的东海和南海以及波斯湾和地中海地区没有美国军舰，那么像波罗的海三国和以色列这样富有活力、值得尊重且标杆式的民主国家根本就不可能生存下去。在更大意义上，如果美国没有在全世界范围内驻军，那么爆发洲际战争的风险将大大增加。

正如我写到的，美国海军有将近 300 艘军舰。事实上，200 艘美国军舰就足以改变世界。[4] 因为军舰数量稳定在 300 艘有助于维持中国和日本之间、中国和印度之间、波斯湾国家和伊朗之间等等的和平。每个星期，美国陆军特种部队（即"绿色贝雷帽"部队）都在数十个国家进行培训任务，他们不仅指导东道国军队如何战斗，也教导这些新兴民主国家的军队尊重人权以及履行军队应有的职责。美国可能在越南和伊拉克进行了不必要的战争，致使这些国家的局势更加恶化，但是自 20 世纪中叶以来，历经几十年的巨大分歧，美国通过军事和外交服务，使世界对公民社会的态度变得比之前更加稳定和友好。更不用提美国的经济援助，包括双边援助以及美国对国际货币基金组织、世界银行等国际组织的支持。这些事实看起来稀松平常。但是，按照帝国历史的标准追溯到古代——美国的外交政策仍是绝无仅有的——这些事实是非同寻常的，绝不应该是理所当然的。没有美国的实力这一首要事实，欧洲联盟和全球化都是无法想象的。

　　地理条件为美国提供了无与伦比的保护，使其免受欧亚非大陆的骚扰，同时也使美国拥有通向大西洋和太平洋的航道，但现在这种地理优势已经被从航空旅行到电子通信的种种技术大大抵消了。但是这些技术加深了美国介入和影响全球事务的程度。美国仍然位于一块庞大的大陆之上，但其所处的世界越来越小且相互联系越来越紧密，美国也越来越容易受到从全球金融倒退到暴力意识形态运动等全球性问题的影响。"9·11"事件这个最明显的例子说明，即便伊斯兰极端主义不被削弱和遏制，至少也应该被制衡。因此对美国来说，不可能摆脱 21 世纪密切的地缘政治关系。

　　所有这些得出了一个无法回避的事实：美国是命中注定的领导者。这是在过去两个半世纪中发挥重要作用的地理所做出的判断。

　　其他因素也起到了一定的作用。

　　在命中注定担任领导者的这几十年中，无论喜欢与否，美国都承担着非常独特的义务。这里仅举一个例子——微妙的美国大屠杀纪念馆①。这间博物馆既是一座纪念馆又是一座历史知识库的事实，实际上不如它的位置重要（正如其他人所注意到的那样），它毗邻华盛顿国家广场，并几乎在杰斐逊纪念堂的视野之内。欧洲犹太人所遭遇的大屠杀已正式成为美国的历史经验，即无论何处发生大规模暴行，美国即使没有做出某种回应，也必须至少予以重视。

不，美国不是一个普通的国家，正如已故的著名保守派政治家珍妮·柯克帕特里克（Jeane J. Kirkpatrick）曾提出的那样，美国将在冷战结束的时候成为一个不同寻常的国家。一个普通国家关心本国事务，不会将这样一个博物馆作为其万神殿的一部分。美国承担着帝国一般的责任：看看美国海军和空军的规模以及它们在全球的部署情况。在 21 世纪初，美国在 130 个国家拥有超过 700 个各类军事基地。即使是美国海岸警卫队，也被部署在全球各地，而这支官方意义上的非军事武装力量可以在世界各国海军中排到第 12 位。

手头的材料别无选择只能处理。伯纳德·德沃托凭直觉感知到这一点，他于 20 世纪 40 年代在美国国内旅行，并在各地的社区集会上热情洋溢地主张美国参战。他热爱这个他认为既是共和国又是帝国的国家。这里面发生了太多事情，以至于外面的世界从来都不是真实的。以这种方式思考，他认识到"命定扩张论"复杂的道德和地缘政治后果，而一代又一代的学者只看到了它的罪恶面。他坚信，地理命中注定的馈赠使美国肩负着全球责任。

乔治·赫伯特·沃克·布什也是如此，他是美国最后一位真正

----

① 美国大屠杀纪念馆位于美国纽约州长岛拿索郡，主要展示第二次世界大战期间犹太人被屠杀的资料。

的民族国家总统，也是最后一位曾经参加过第二次世界大战的总统，他接受过新英格兰预备学校的精英教育，参加过太平洋海战，开发过得克萨斯州的油田，这些都是他能成为总统的重要依据。老布什不是知识分子，但他深刻而精确地内化了书呆子德沃托的东西：美国拥有如此大的陆地，它领导世界不是自主的选择，而是命运的安排。所以，他自上任伊始就不断给世界各国领导人打电话——早在苏联崩溃和伊拉克部队入侵科威特之前，后者的发生显得这些电话特别有必要。老布什决定动用数十万美军将伊拉克部队从科威特驱逐出去，带有"命定扩张论"的魄力，而他在华沙条约组织崩溃后的低调则表现出定居缺水的美国西部孕育出的一种克制。西进定居的矛盾和教训被不知不觉地写进了他外交政策的逻辑。因此，他最终成为美国伟大的总统之一，与詹姆斯·诺克斯·波尔克相差不远。

面对美国地理环境如此无可争辩的事实、它们所隐含的东西以及传授的经验，在华盛顿现实主义者和理想主义者之间所发生的争论不过是没有必要的二元论和纯粹的关于手段的争吵。现实主义不是亨利·基辛格（Henry Kissinger）的邪恶创造，而是美国外交政策中的一种传统，它可以追溯到乔治·华盛顿、约翰·昆西·亚当斯（John Quincy Adams）以及乔治·凯南（George F. Kennan）①和迪安·艾奇逊（Dean Acheson）这类"智者"。理想主义，在某种程度上，深深地植根于美国传统中，威尔逊主义在美国第28任总统伍德罗·威尔逊（Woodrow Wilson）逝世很久之后依然存在，尽管它经常被证明是存在缺陷的。亚当斯警告美国人不要出去寻找"危险的怪物"，但威尔逊实际上

---

① 乔治·凯南（1904—2005），美国外交家和历史学家，普利策新闻奖获得者，遏制政策创始人。

在竭力主张他的同胞们去做这件事。因此，美国的外交政策往往是两种认知之间的妥协。罗纳德·里根高度赞扬威尔逊主义的道德重整运动，即使他圆滑地接受了在五角大楼、国务院和白宫包围着他的现实主义者们的建议。这种内在的妥协是他伟大的一个关键因素。

无论是坚定不移的人道主义（因为它是不可持续的）还是新孤立主义（因为它不能接受美国作为世界领袖的地理命运），都不能成为任何负责任的外交政策的基础。美国的外交政策在某种程度上永远是威尔逊主义的，因为所有的美国总统都在寻求扩大世界公民社会的边界。正是对这一目标的抵抗，以及击垮美国对手的这种抵抗所产生的风险和代价，使得现实主义者成为最早的一批强烈要求克制的人。现实主义者通常选择利益高于价值观，因为我们的价值观不能到处强加；他们选择秩序而不是自由，因为没有秩序就是无政府状态，那么任何人的自由都得不到保障。当辩论焦点集中在对某个特定国家的干预程度上时，威尔逊主义的理想主义者经常与现实主义者发生争论。除个别例外，双方始终支持美国在全世界保持充满活力的安全和外交影响。而在更广泛的历史意义上，这一共识掩盖了处于酝酿之中的关于如何管理和利用这种影响的哲学争论。

美国的外交政策——正因为它是一个伟大的大陆强国——是由道德和非道德之间的紧张关系所决定的。权力可以通过道德的方式用于人道主义，但是为了制衡地缘政治对手，保护海上通信和能源路线，只有通过非道德的方式才能获得非常大的权力；目标虽然不是非道德的，但不一定属于崇高原则的范畴。因此，持续的人道主义行动需要美国持续地通过非道德的方式获得和维持权力。这不是一项固定的外交政策，这种不合理的二分法和它所产生的所有争论只会进一步激励决策精英。这是一件好事。

让我们暂且回顾一下历史学家弗雷德里克·杰克逊·特纳于1893 年发表的论文《边疆在美国历史上的重要性》（"The Significance of the Frontier in American History"）。他写道，美国人在开拓边疆、清除森林的过程中形成了不受管束且积极进取的性格。边疆以一种其他民族所未经历过的方式使美国人成为一个处于发展中的民族。因为我们是一个边疆社会，也是一个移民社会，移民社会能比在同一地区定居数百年甚至数千年的社会更好地吸收移民。新的土地创造了更多的机会，进而打破了既定的等级制度。

特纳担心 1890 年西部边疆的封闭可能会削弱这种活力。西奥多·罗斯福不同意他的观点，他仅仅举了一个例子，他认为这个国家粗鄙的物质主义是一个健康的迹象，表明边疆精神已深植于美国人的性格之中且难以抹去。美国对技术创新的痴迷一直是边疆精神的另一个方面。因此，我认为，选民和国会已在未来几十年中达成共识：美国海军不仅要扮演海岸警卫队的角色，还需要部署到全球各地。

请记住，1890 年印第安人战争的最后战役结束之后不久，在特纳开始担心边疆封闭对美利坚民族心理影响的同时，美军接连不断地在古巴、波多黎各、巴拿马和墨西哥，以及美国陆地边界之外的小型战争、维稳和警务远征中活跃了 30 年。在那段时间里，美军还在菲律宾、中国和俄罗斯的西伯利亚执行了类似行动，美国远征军在第一次世界大战期间被派往欧洲作战。在这片大陆上定居和清理空间——这项历时数个世纪（具体几个世纪就看你怎么算了）的行动是危险的、在道德上有瑕疵的，并常常伴有暴力——确保了边疆精神不会轻易地从美国精神中消失。这就像一个源自祖先的性状，不断在家族树中出现。地理的影响可能因技术而减弱，但不会完全消失。正是地理带给我们的相对于其他大陆的优势位置使我们第一次登上人类世界的舞台，技术并不是在扭转这一地理趋势，而是通过我们越来越融入外部世界促进这一趋势。再说一次，美国是命中注定的领导者。

美国人是准帝国主义者，然而，正如我所说的，美国人同时憎恨帝国主义。牛津大学历史学家约翰·达尔文（John Darwin）写道："美国的'反帝国主义'根植于移民社区对于皇权的普遍敌意和对宗主国商人、银行家、船东和供应商剥削的恐惧中。"从 13 个殖民地到前往俄勒冈的大篷车队，"欧洲是权力中心"这一观点几乎到处都被质疑，这是开拓者思想倾向的一部分。通过征服北美大陆，美利坚发现自己处于有利的战略形势下，拥有丰富的能源储备，当然，还需要更多销售渠道。总之，在谴责帝国的同时，美利坚很快发现自己几乎成了一个帝国。

达尔文在 2008 年出版的开创性著作《帖木儿之后：1405 年以来的全球帝国史》（*After Tamerlane: The Rise and Fall of Global Empires,* 1400-2000）中指出："帝国常被视为欧洲民族的原罪，它们腐化了一个清白的世界。"马克思主义者和后来的学术左派，几乎把帝国主义视为所有政治罪恶的根源，今天大学校园把帝国主义等同于性别歧视和种族主义，犯有类似的压迫和剥削罪。如达尔文所说的那样，帝国自远古时代起就一直与我们在一起，是"人类社会几乎普遍存在的一个过程"。商品和思想的交流总是会让有些社会比另一些更混乱，"使其易受内部崩溃的影响，并被外人接管"。一些社会同其他社会在军事力量方面的差异也起到了作用，所以——不同种族由同一统治者支配的——帝国，"纵观历史，一直是政治组织的默认模式"。[5] 由于地理格局，建立强大国家所需的能力并不是均匀分布的。因此，最文明的进步出现在帝国体系内。伊斯兰教的黄金时代

是帝国时期，主要是阿拔斯王朝，之后在法蒂玛王朝和哈夫斯王朝
等时期呈现颓势。蒙古人是残酷的，但他们征服或消灭了谁？其他
帝国——花剌子模帝国、保加利亚第二帝国、宋帝国等等。在欧洲
帝国殖民非洲之前，非洲有本土的马里帝国、桑海帝国等等，取得
了自身的文化成就。欧洲帝国——左派对于帝国统治予以一刀切式
的谴责——在地中海、波斯、印度和中国本土的帝国统治数千年后
才出现。在近代早期和现代，哈布斯堡帝国和奥斯曼帝国这样的多
民族帝国实行宽容和世界大同主义政策，它们在保护少数群体权利
方面比之后的单一民族国家做得更好。几千年来，帝国之间的过渡
期，通常处于无政府状态。谁说帝国统治必然是反动的？雅典、罗马、
威尼斯和大英帝国，即使考虑到它们所有的暴行，仍是其所处时代
最开明的政权。

　　可以说，英国人最终在印度、巴勒斯坦和其他地方都失败了，
但是在更长时间内，大英帝国提供了巨大稳定性并促进了海运和铁
路交通，较之此前确实是进步。事实上，正如哈佛大学历史学家尼
尔·弗格森（Niall Ferguson）所认为的，大英帝国——在被全球性大
萧条、两次世界大战和冷战中断之前——实现了 19 世纪末 20 世纪
初的全球化。在那之后，一种新形式的全球化萌生，正如我所指出
的那样，美国海空力量的存在保障了贸易和能源运输的安全，使得
一个有利于全球制造和投资的自由世界贸易体系得以实现。达尔文
指出，这个美国体系"除了名字以外全部是帝国式的"。[6] 这一美国
体系的基石是杜鲁门主义、马歇尔计划、北大西洋公约组织的建立
以及与日本的安全保障条约，这些全都是在第二次世界大战结束后
六年内出台的，从而拉拢西欧和东亚对抗苏联和中国的共产主义。
美国使用经济手段来促成这一切。毕竟在 1945 年，美国拥有全世界

一半的制造业产能，并且是工业化国家中唯一本土没有遭到战争破坏的国家。

耶鲁大学历史学家保罗·肯尼迪（Paul Kennedy）写道：美国同罗马帝国、大英帝国、奥斯曼土耳其帝国一样，在无政府世界中建立一点安全感的任务上"面临同样的考验和问题"。[7] 当然，美国的使命是建立一个自由的世界秩序，力求与传统的帝国体系有所不同。但即使它能成功，与之前帝国的比较也只是有助于我们对自己的理解：我们需要清楚地认识我们是什么，以及我们在这个世界上扮演什么样的角色。事实上，持续了44年的冷战以意识形态斗争的名义延续着帝国主义的传统。达尔文称这种两极时代是"非殖民化的另一面"，即英国和法国殖民地的崩溃使美国和苏联在新独立的第三世界中争夺影响力，从而促成了两个新帝国的建立。[8] 这些新独立的国家只有少数几个发展成熟，但它们确实具有美、苏影响力下的优势。事实上，在英国和法国帝国还没有解体的20世纪40年代末到60年代，美国和苏联之间的两极竞争可能没有假定这样的全球维度，因为这种竞争会简化为仅仅针对中欧命运的冲突。

1989年中欧和东欧的共产主义政权崩溃，接着1991年苏联解体。尽管美国算得上是最后的帝国并拥有庞大的无可匹敌的军队，它现在也不可能给世界带来秩序。要清楚：没有美国的海军和空军优势，世界将出现一个比现在更加混乱的局面。然而，美国的总体实力——包括军事实力、经济实力、外交实力和地理实力——远不能使世界成为一个足够太平的地方。我们可以给世界带来可观的秩序，但可观的秩序和完全的秩序之间的差距是巨大的。所以现在必须描述这两个概念之间的差距。因为美国今后为了顺利地应对比较混乱的全球形势——接着帝国时代和后帝国"冷战"时代，必须有效地利用大陆资源。

　　我在《大西洋月刊》（*The Atlantic Monthly*）1994 年 2 月这期发表了封面文章《无政府时代的来临》（"The Coming Anarchy"），内容是关于资源短缺、青年人口膨胀、部落主义、宗派主义、犯罪和疾病将如何破坏地球上重要地区的社会和政治结构的。我引用了加拿大学者托马斯·霍默－狄克逊（Thomas Homer-Dixon）的话，描述了一个"加长豪华轿车"的世界，这个世界由富裕国家和涉足技术改进和金融市场的精英们组成，他们坐在高速行驶的车中注视着车窗外饱受贫穷和冲突摧残的世界，在那里中央权威日益衰弱或者根本不存在。因为这隐喻的加长豪华轿车不仅包括特定的国家，还包括加长豪华轿车之外国家的富人区和豪华酒店，西方精英可能继续否认他们所处地区之外的严酷现实，即使他们时而在海外最落后的国家开展风险投资。在西方接受教育的记者可能会采访当地公民社会的典型代表，然后宣布对该国抱有希望，即使在西方受过教育的当地精英在首都之外的半混乱地区并不具有权威性。我在 1994 年发表的一篇论文的第一部分列举了几个西非国家的例子，这些国家的情况在 20 世纪 90 年代末进一步恶化甚至彻底崩溃了。自那时起，这些国家作为西方慈善机构和安全援助计划的受惠国而苟延残喘，大多数情况下，它们没有建立任何实质性的制造基地，而它们本可以依靠这些制造基地脱离危险区域。尽管世界其他地区没有与西非相同的遭遇，但显然有相当多的国家，无论大小，都已经陷入混乱或局部混乱的局面，又或者难以想象其局势得到稳定。因此，我在约四分之一世纪前提出的问题，在美国寻求世界秩序的过程中继续引起共鸣。

　　我的观点是，不断增长的人口，特别是在第三世界城市郊区的棚户区，除了资源短缺——比如土壤中水分和养分的消耗——之外，本身并没有引起种族和宗派冲突，但是加剧了已经存在的公共分歧。这进而又导致了武装冲突，在这类冲突中，犯罪和战争——包括常规和非常规——的界限正在被打破。

然而，当我们环顾这个美国在 21 世纪必须应对的世界时，我们看到了大量的无政府主义和准无政府状态，很难承认还有其他的背景因素，但现在必须承认了。

正如我们已经看到的，这是一个后帝国时代的世界，美国霸权在恢复复杂、人口众多和派系林立的伊斯兰社会的秩序方面能力有限。帝国主义虽然在大多数情况下既不公平也不文明，但它实际上在早期现代时期和现代时期为非洲、亚洲和拉丁美洲的大部分地区提供了最低限度的安全和行政秩序，并持续了相当长一段时间。近代早期和现代，欧洲人或利用自然边界，或人为划界，将地球分成可以用地图上的坐标方格表示出来的实体，并加以治理。然而，秩序并没有随着20世纪60年代这些欧洲帝国的最终解体而被破坏——部分原因在于后帝国时代强人的出现。

因为这些新的强人认为自己是反西方的自由斗士，他们相信自己的统治存在道义上的正当理由，所以在许多情况下，他们在欧洲人划定的边界内，冷酷地维持秩序。由于这些割裂了教派和种族的边界往往是（但不总是）人为的，这一代强人为了保证国家稳定，不得不缔造鲜明的国家民族和基于此的世俗国家身份：这是哈菲兹·阿萨德、萨达姆·侯赛因、穆阿迈尔·卡扎菲等人的专制政府的情况。然而，那些后帝国时代的强人，就像他们之前的欧洲殖民主义者一样，不久前已经从历史舞台上消失了。他们留下了什么？

结果证明是一片真空。

　　事实上，那些强人，特别是中东地区的强人，没有建立起任何值得提起的治理机构。相反，几十年来他们只是经营着秘密警察和其他相关安全机构占主导地位的"穆卡巴拉"（moukhabarat）国家。因此，当镇压手段崩溃时，几乎没有或根本没有剩下官僚框架来提供秩序，或者公民社会的表象；最顶层政权与底层大家庭和部族之间的各种组织早已被消除。因此，这个国家没有什么意义，部族和宗派身份立即填补了空白。这些原生身份得到了以社会媒体形式出现的最新技术的帮助，尽管它们有助于推翻政权，但是不能充当一个连贯而有组织的官僚权力的替代角色，以促进新的稳定。后帝国强人时代之后，将进入一个稳定的民主时代，比如在柏林墙倒塌后的中欧和东欧——这个想法是极度幼稚的。与中欧和东欧不同的是，在大中东地区的社会，可供依靠的资产阶级传统及其机构都相对较少。

　　美国必须应对"伊斯兰国"及其他逊尼派和什叶派圣战组织，还有从北非到印度的基于种族的运动的兴起，实际上这在帝国时代和后帝国时代的历史上都不是新鲜事。居住在巴黎的、经验丰富的时事评论员威廉·普法夫（William Pfaff）——不久前去世的他报道了几十年的国际政治——观察到激进的民粹主义运动的兴起，在很多情况下，都要求复兴逝去的黄金时代，在 19 世纪中期的英属印度发生过一次（1857 年的印度民族起义），在 19 世纪晚期的英属苏丹也发生过一次（马赫迪起义）。在这种情况下，普法夫的解释很好，诸如源于乌干达的圣灵抵抗军（Lord's Resistance Army）和源于尼日利亚的博科圣地（Boko Haram）这样的团体，在西方被贴上的标签只是"恐怖分子"，但它们事实上是救赎的千禧年运动（尽管它们那样残忍），是对现代主义和全球化双重威胁的回应。[9] 特别是，肆虐非洲的激进伊斯兰代表着通信革命对失败社会的反应：一种通过媒体传播的通行的伊斯兰极端主义是许多年轻的非洲男子所能找到的社会失败的唯一答案。

所以现在在欧洲和中国之间出现了一个更大的伊斯兰世界，它们经历了深刻的技术和社会剧变，正值起源于欧洲帝国主义时期的僵化而摇摇欲坠的政治结构已经部分或完全解体。从这种混乱中崛起的暴力且具号召力的宗教运动向西方——特别是美国，它是世俗和现代世界的图腾象征——宣战。美国已做出回应，它试图恢复和稳定这些"圣战战士"的发源地。但是，它所尝试的一切办法都失败了：小布什总统在伊拉克的全方位国家建构，或是贝拉克·奥巴马总统在也门所采取的外交和特别行动方针，皆是如此。伊斯兰世界发生的政治和宗教剧变规模惊人、外部难以预测，所以，即便不是不可能，西方也难以施加决定性的影响。

事实上，自第一次世界大战结束，奥斯曼哈里发被废黜以来，伊斯兰世界对于合法性以及哪条路最公正的探索差不多一直在进行，而且没有任何减弱的迹象。一个相关的问题是，尽管突尼斯和埃及这样的国家，其目前的边界在历史上有丰富的基础（大迦太基地区和尼罗河流域），因而具有较强的国家认同，但是利比亚、叙利亚、伊拉克和也门的地理表述很模糊，它们在帝国时代和后帝国时代之后，已经恢复了原先过于碎片化的状态。（当然，像叙利亚和伊拉克这样的国家也有丰富的古代文明基础，但它们对于官方边界的维持没有达到突尼斯和埃及的程度。）逊尼派霸主沙特阿拉伯和什叶派霸主伊朗在这些地方的全部或大部分地区打代理人战争。阿富汗超过三分之一个世纪的时间处于战争状态。地中海东部地区、阿拉伯半岛和北非部分地区很可能将面临类似的困境。

地缘政治——对空间和权力的争夺——现在既发生在国家之

间，也发生在国内各州之间。结果证明，随着群体差异消融于全球化的熔炉中，本来就容易被激化的文化和宗教差异，因为通信革命而被人为改造得更加直观和意识形态化。这不是文明的冲突，而是人为建构的文明之间正在爆发冲突。以"伊斯兰国"为例，它本身并不代表伊斯兰教，但在互联网和社交媒体的影响下，它激发出对教义的残暴遵守以及集体性的歇斯底里。后现代的身份重塑只会加剧地缘政治的分歧。

因此，美国可能在与其他强国的竞争中占据优势。但是，正如中东地区生动证明的，优势并不等同于控制，甚至不能在地理上对这一地带施加很大影响，"圣战分子"们可以在这里计划袭击美国本土。

亚洲是另一个故事。

大中东地区国家碎片化，恶劣的低技术含量的陆上叛乱在扩散，亚洲地区国家僵化，高科技含量的海军、空军、导弹和网络武器在贫瘠而抽象的海洋环境中扩散。直到最近，亚洲国家内部才将注意力集中到自己身上。越南和马来半岛陷入叛乱和局部战争中，中国在毛泽东的领导下建设共产主义，之后又在邓小平的领导下实行改革开放。与此同时，日本在准和平主义制度——是其在第二次世界大战中灾难性军国主义的余震——下沉寂。但是"冷战"结束后，这种情况开始发生戏剧性的变化。

亚洲持续的资本主义发展不仅促成了和平和睦，还导致了军购。到 20 世纪 90 年代，经济持续两位数的增长开始使中国转变为一个拥有全球贸易联系和物流链的大国。因此，出于国力增长和维护自身利益的原因，中国在国防建设方面开启了前所未有的投入，类似于 20 世纪初经历内战后经济增长的美国。日本摆脱准和平主义，重新恢复民族主义，从而为自己的军事扩张奠定基础。越南、马来西亚和新加坡也纷纷效仿，从西方和俄罗斯购买潜艇以及最新的水面舰艇和航空武器。与此同时，菲律宾——在 1992 年美军撤离克拉克空军基地（Clark Air Base）和苏比克湾海军基地（Subic Bay Naval Station）后——恢复了与美国曾最具传奇色彩之一的双边军事同盟，并一直轮番邀请美国重新在菲律宾驻军。

美国是一个太平洋国家，我永远不会忘记眺望圣迭戈湾的情景。美国海军准将马休·佩里（Matthew Perry）① 率领四艘军舰——"萨斯凯哈那"号巡洋舰、"密西西比"号巡洋舰、"萨拉多加"号护卫舰和"朴利茅斯"号护卫舰——于 1853 年驶入东京湾，强行打开日本国门，并促成了德川幕府的倒台和之后的明治维新。美国第一次入侵人口大国发生在 1899 年的菲律宾，接着是美国第一次成熟的国家建设经历。太平洋——从日本到所罗门群岛，包括缅甸和中国——在第二次世界大战期间成为主要战场，美军遍及整个南太平洋。之后爆发的朝鲜战争和越南战争所遗留下来的问题深深地侵蚀了美国人的历史意识。今天，美国政府关注亚太地区的原因有很多。亚洲——包括印度——是世界经济的地理和人口组织原则，包括最重要的海上交通线，美国的主要条约同盟国日本、韩国和菲律宾，以及事实上的盟友越南和马来西亚，都是人口众多的国家。更不用说美国与泰国、新加坡和澳大利亚等国的长期同盟关系。至于中国，中国的军事崛起可以说是 21 世纪初美国外交政策的最重要挑战。美国在一定程度上将利用在经济和军事上崛起的印度来制衡中国以应对这一挑战。

---

① 马休·佩里（1794—1858），美国海军将领，因率领黑船打开锁国时期的日本国门而闻名于世。

我并不是在描述一个必然处于战争边缘的世界，而是一个比历史上任何时候都更为拥挤、紧张和焦虑的世界，即使在不久的将来还不会出现一个势力范围能同美国相比的国家。

还有欧洲，经历了两次世界大战和近半个世纪的冷战，迫切需要美国的帮助。是的，冷战结束了。但俄罗斯仍然是个庞然大物。它也仍然是一个没有安全感的陆上强国，不仅被希特勒和拿破仑入侵过，还遭受过瑞典人、立陶宛人和波兰人的入侵，因此，它需要在中东欧地区建立一个温和影响的缓冲区。因此，新的战场将是"海间联邦"，这个术语是由两次世界大战间隙的波兰政治和军事领袖约瑟夫·毕苏斯基（Józef Piłsudski）①创造的，是一个拉丁语单词，意思是"海洋之间"——指波罗的海和黑海之间。从北方的波罗的海国家和波兰，向南通过巴尔干半岛，向东穿过黑海到达高加索，有一片国家——我称之为"大海间联邦"——俄罗斯和西方将在这里展开竞争。

俄罗斯政策的新面孔不是地面部队，而是情报行动、颠覆活动、输油管道和腐蚀贿赂。美国将领导北约现在和将来的回应：对俄罗斯采取从信息战到网络攻击到经济制裁的一系列措施。为什么美国必须这么做？例如，为什么德国不能成为领导者？因为美国不是一个普通的国家：其地理条件慷慨地赋予了它成为世界强国的可能性，在这种力量——相对于其他国家所保持的持续的经济和社会活力——下，它发展出一种长期责任。与此同时，自 19 世纪末以来，

①　约瑟夫·毕苏斯基（1867—1935），第一次世界大战后新生的波兰国家首任总统（1918—1922）和军事独裁者（1926—1935）。

德国对欧洲来说太大了，对世界来说太小了。不管它看上去以及发展意愿是多么的温和，从长远来看，德国必须受到美国和欧盟的一些限制。

这一切都发生在欧洲国家的社会福利模式难以为继的情况下，而欧洲的政治家们发现很难聚集意愿来果断地解决这个问题。欧洲人想要自由，但他们不想为此做出足够的牺牲（比如重建他们的社会福利国家），尽管欧洲的精英们早就抛弃了传统的民族主义。他们放弃民族主义的结果是，狂热的民粹主义运动——受到在社会上和经济上边缘人口的支持——在许多欧洲国家的首都兴起，从而将欧盟的未来置于危险之中。偏低的国防预算——只有少数国家达到了北约规定的国内生产总值的 2%——是这些意志消沉人口所造成的后果。

这是一种新颖而微妙的后现代主义的投降态度。欧洲在第二次世界大战后数十年的经济繁荣被中断了。欧洲正在融入一个不稳定的——将其与欧亚非大陆结合起来的——传统地理中。来自北非和地中海东部混乱地区的数百万穆斯林移民讲述着这个故事。

美国在这里面对的势力太大，超出了美国的控制范围，即便只有美国有实力施加关键而有益的影响。特别是当欧洲变得虚弱，并在地理上融入欧亚非大陆历史的大漩涡之中，在内部和外部的连续重击之下，美国成了西方世界的堡垒。

至于拉丁美洲和非洲，前者由于地理和经济原因，美国在此的影响历史悠久且毋庸置疑，而后者因为羸弱的国家、全球流行性疾病的风险，以及形成中的难以控制的中产阶级的崛起也成为一个不能被忽视的地方。例如，目睹从毛里塔尼亚到纳米比亚的大几内亚湾地区：脆弱或失败的国家、伊斯兰恐怖主义、贩毒、洗钱、疾病蔓延、海盗丛生、巨大的能源储备和偶尔的冲突。

但事实是，世界上没有一个地方可以被忽视。这是美国的地理遗产，因现代历史和后现代技术而加剧了。而且因为地缘政治正在全球化的背景下发挥作用，每个危机都以某种方式与其他危机相互影响：世界的幽闭恐惧症日益严重。例如，如果美国在南海向中国让步太多，这会影响美国在欧洲和中东地区的声望，更不用说它在印度次大陆和东北亚地区的声望了。但通过这一切，由于自身地理规模和力量，我在旅途中遇到的美国选民只能断断续续地表达对动荡的外部世界的态度。尽管有技术，但我们中的许多人都感到被疏离了。

在太平洋另一端的地平线上，除了一排灰色的舰船，还存在着一个东半球世界，在那里，未来战争和冲突的轮廓是由机器人技术、网络能力和精确制导武器决定的，而这在几十年前是不可想象的：的确，空中和海上作战需要巨大的资金储备以及雄厚的科技基础。除亚洲本身之外，在还处于《伊利亚特》（*Iliad*）世界的大中东地区，仅仅一把枪——或一把行刑的匕首和一个视频摄像头——就能送你进入战场。显然，星球大战和古希腊的世界经常融合在一起，可以用空中和网络力量来应对古代战士的挑战。但很明显，在一个既古典又后现代的全球冲突时代，有美国人做得好和做不好的事情，有美国人能够做和不能做——也不应该做——的事情。

然而，现在在美国首都华盛顿和大东海岸地区的帝国阶级有时候几乎什么都想做。

什么是帝国阶级？他们的信仰是什么？

帝国阶级是一大群人，他们怀揣着深刻的使命感，他们的职业利益与这一使命的成功密切相关。他们与记者和智库的政策专家共同定义了整个波士顿—纽约—华盛顿媒体走廊的精英辩论，通过定义辩论有助于决定炮轰任何白宫外交政策前沿的舆论。这个阶层经济宽裕，一般在最好的学校接受教育。它是几十年繁荣的产物，可以追溯到第二次世界大战后。20世纪中叶的华盛顿只有少量的智库，而现在这个城市的智库已经饱和。至于媒体，它现在本身构成了一个权力中心，由自由派的国际主义者和新保守派的干涉主义者主导，两派人在过去都曾支持通过军事手段推行美国的价值观。[10] 他们给这些价值观贴上了普适的标签，但自罗马时代以降，众多帝国阶级都是如此粉饰自己的信仰的。当海军准将佩里于1853年抵达东京湾时，他认为自己是在把基督教和商业带给异教徒。同样，19世纪中叶从美国新英格兰地区和中西部出发的新教传教士也想改变中国和大叙利亚地区的宗教信仰。他们一开始认为他们带来了基督教，但当当地人表现出不接受的态度时，传教变为带来教育以及之后的人权。试图教化是帝国心态的一部分。这就是帝国主义和传教冲动齐头并进的原因。

这不是阴谋，它所延伸出的不一定是狭隘的，更有甚者在许多情况下也不是军国主义的。事实上，帝国阶级中的很大一部分人可以被定义为人道主义者，他们认为美国在世界上扮演着防止种族灭绝，保护处境艰难的民族、宗教和教派少数派的正当角色，即出口人权。记住，帝国主义可以说是大国行使的一种相对脆弱的主权形式。它的脆弱在于帝国当局对偏远地区的控制无法达到对祖国控制的程度，然而，它仍能在全球各地以适当程度影响结果和进程。因此，一种试图影响海外结果的人道主义可能会沦为帝国主义，而孤立主义和新孤立主义通常不会这样。

或许鲁德亚德·吉卜林（Rudyard Kipling）①1899 年的诗作《白人的负担》（"The White Man's Burden"）是将帝国主义粉饰为人道主义的最好例子，《白人的负担》在我们当代人听来肯定是种族主义的，但它可以说是一部有些理想主义色彩的文学作品，因为它试图传达一种责任感，即富裕国家和发达国家对贫穷与欠发达国家所负有的责任。事实上，吉卜林写这首诗是为了鼓励美国对于菲律宾的殖民统治，他认为这是美国所背负的教化使命。

快进到 20 世纪 90 年代。美国处于和平状态，是单极强国，没有其他对手的威胁。能源市场是稳定的。任何地方都没有明显的国家利益介入。"9·11"事件还未发生，然而，美国的军事力量确实对索马里、海地、波斯尼亚和科索沃进行了干预。这种干预的压力来自帝国阶级。人们可以很容易地争辩，至少在某些情况下，军事干预是正确的做法。我的关注点不在于干预是错误的，而是它们发生了。它们一再发生，却不涉及明显而重要的国家利益。人们可能会认为，一个帝国越安全，就越不可能干涉其他地方。但是 20 世纪 90 年代的情况并非如此。只有干预失败的记忆或经济繁荣终结——导致军事预算的急剧减少和精英权力与数量的下降——才能严重削弱帝国的本能。

需要强调的是，我的关注点不在于谴责帝国阶级，而只是表明它的存在以及它可以被如此定义。

记住，征服本身就是衰弱的根源——这是乔治·凯南和爱德

---

① 鲁德亚德·吉卜林（1865—1936），英国小说家、诗人。主要作品有诗集《营房谣》《七海》，小说集《生命的阻力》和动物故事《丛林之书》等。1907 年吉卜林凭借作品《基姆》获诺贝尔文学奖，当时年仅 42 岁，是至今为止最年轻的诺贝尔文学奖得主。

华·吉本（Edward Gibbon）① 所坚持的观点———一旦强势介入一个遥远之地并保持一段时间，你就得担负起治理此地的道德和政治责任，从而增加了自己身上的负担。[11] 同时，军事干预可能是孤立主义的标志，因为这意味着长期忽视那片遥远之地，直到你冲动地派遣军队到那里。这是一种常见的模式，尤其是在媒体报道中，多年来它们忽视了许多重要的地方，直到有一天，它们在一个狂热的新闻周期突然发现某地并立即要求采取行动。

帝国阶级的"普世主义"遭到了传统现实主义者"特殊主义"的反驳。普世主义在任何地方都适用同样的原则，因为这些原则不言而喻是美国的，因此是道德的。普世主义淡化了"国家的特殊性"——这对美国人来说是令人困惑的——因此减轻了美国人根据不同世界的样子与之打交道的负担。特殊主义接受这个世界所有的文化和意识形态差异；它倾向于与盟友合作，并尽可能让他们在经济上多做贡献；它避免在一个地方陷入纠缠。[12] 除非是经济崩溃或明显失败的军事干预，通常只有这种特殊性才能阻碍这种帝国主义的普世主义。

美国外交官乔治·凯南暗示，大陆主义促进了特殊主义。大陆主义意味着关注美国大陆及其过多的国内问题和挑战，以及丰富多彩的地理和历史。这种对于美国自身事务的关注常常会使人对解决外部世界问题的需要感到厌倦。当然，德沃托的天才之处在于他发现，即便是最强烈的大陆主义在某些时刻也要向海外责任让步。这

---

① 爱德华·吉本（1737—1794），英国历史学家，著有《罗马帝国衰亡史》，18 世纪欧洲启蒙时代史学的卓越代表。

是权衡和洞察的问题。

权衡和洞察在平时是什么样的？

来看看德沃托的回答。

在《帝国的进程》一书中，德沃托讨论了英国人和美国人是如何在落基山脉和太平洋西北部较量的，双方都试图与尽可能多的印第安部落结盟，同时收买其他部落保持中立立场。这是德沃托勾勒美国战略——征服密西西比河和密苏里河以西新帝国领土——的关键段落：

> 西部的军事行动是细微的，但是极其重要的。它们对于美国的生存并不是决定性的，但美国民族主义的本质是取决于它们的。美帝国的地域如此；美国所拥有的巨大国家财富也是如此。这是种微妙平衡且不断摇摆的行动。即兴参与的开拓者组织——每次跨越很远距离，难以起到很长时间的作用——只是提供刚好的力量来维持美国的平衡。[13]

在描述美国西部的大片土地——至少在开始，它们基本上是由零散的开拓者群体取得的（在美国军队进入之前，他们的队形和战术都是不正规的）——时，德沃托在对此没有觉察的情况下，预见到美国特种作战部队现今在世界各地的行动。的确，考虑到通信技术的进步，现在混乱的后帝国世界中偏远的海外军事基地彼此相距遥远，就像19世纪位于密西西比河以西，从大平原到太平洋并遭印第安人袭扰的贸易站。美国可以通过海军和空军远距离部署力量，但不管多长时间，它都不能占领或管理任何规模的土地，因此它利用与开拓者作用相似的特种作战部队，同一些派系结盟，收买其他派系保持中立，并通常在可能的时候尽早解决问题。当然，这仍然令人不满意。但在这种情况下，这是最好的办法。这不是孤立主义——它与混乱的海外军事基地毫无关系，但这也不是成熟的帝国主义——它设法在某种程度上治理这些领土，并将他们的社会改造成美利坚现在的样子。

正像军事历史学家安德鲁·伯特尔（Andrew J. Birtle）所写的，"在许多方面，美国军队都是边疆的产物……过度劳累、资金不足，以及分散在许多小哨所中"，军队努力执行法规和条约，并"规范印第安人和白人的接触"。伯特尔还写道，军队"融合双方的长处"，并从 1835 年起在西点军校教授印第安人作战和突袭方法，而不是"放弃传统的印第安人作战方法"。[14]

我的关注点根本不是为军队对待印第安人的方式辩护；只是说明双方几十年的接触和战争对军队的文化和教条产生了巨大的影响。可以肯定的是，正如军事历史学家布瑞恩·麦考利斯特·林恩（Brian McAllister Linn）——他同时也描绘了塞米诺尔战争期间美国士兵给印第安人造成的苦难——指出的，"边疆战争带来了英雄尚武传统中一些最糟糕的特点"。[15]

印第安人战争是关于征服的。尽管一些源自那时候战争的技术——强调与原住民合作的小型移动作战单位——在现在反叛乱战争的教条中再现，但是征服只会使 21 世纪的美国陷入悲痛，伊拉克就是边疆传统走过头的例子。我在个人层面上深深地感受到了这一点，我曾支持战争并在之后试图在分析中吸取教训。

但是不要以为像伊拉克这样的灾难不会再发生。因为在帝国阶级中仍然存在着重复伊拉克错误的冲动。每一次政府行动不够积极，

就能见识到对"绥靖政策"的不满——至少根据纽约和华盛顿一些
人的说法。然而，美国需要认识到不是每个对手都是希特勒，即便
是 20 世纪 30 年代的希特勒也不像现在看来那么形象鲜明，考虑到
在此 20 年前第一次世界大战中有 1600 万军民丧命，没人想重蹈覆辙。
一定程度的绥靖政策——历史上常见的政策手段——将成为未来所
有负责任总统的一部分。将其用作"骗局"是没有效果的。命运是
不可提前知晓的。大战略要同国家的能力和资源相符，将目标与手
段结合起来，尽其所能。这意味着不是每一场战斗都要参与。意味着，
比如说，在大中东地区轻微而巧妙的介入和也许在欧洲和东亚地区
稍明显的介入。

　　威廉·普法夫在最近对于美国外交政策的尖刻批判《"命定扩
张论"的讽刺》（*The Irony of Manifest Destiny*）中，有几个与此讨论相
关的高明而敏锐的见解。他写道，威尔逊将"命定扩张论"彻底改
造为"上帝赋予人类的使命"，再者，"全球威胁和威尔逊主义的世
界改革的并存似乎是美国国家想象力找到的应对由于地理隔绝的丧
失而产生的焦虑和恐惧的唯一方法"。换句话说，使世界上其他地
方像美国一样，是失去两洋保护的美国人所能找到的弥补他们新弱
点的唯一方式；民主推广以这种方式成为"孤立主义的虚拟形式"。
的确，对于美国人来说，这总是关于他们自己的历史经验，而不是
其他人的历史经验，即使他们关注其他国家。毕竟，在西方思想中
进步是不可避免的，尤其是在美国思想中，美国思想相信历史会向
一个明确的结局发展。[16]
　　但很遗憾，进步并不是必然发生的。"美国例外论"认为美国
人是在历史上拥有独特使命的特殊民族，这或许可以说是真的，但

即使是真的，过分相信也会导致灾难。梅尔维尔这样评论亚哈船长 ① 和他的船员："啊！他们仍然努力穿过无垠的大海去寻找一样可能摧毁他们的东西！"[17]

我们是谁？

已故的美国诗人和文学评论家查尔斯·奥尔森（Charles Olson）说："我们是最后的'第一'民族。"更确切地说，是最后的拥有原始本能的民族，怀揣着灵魂深处的"征服"本性去征服空间。我们征服的第一个真正空间是大平原，"美国的支点"，奥尔森写道。然后是大平原所预示的太平洋——它预示着世界。[18] 现在的征服采取什么样的形式？它试图采取出口公民宗教的形式：代议制民主、人权、法治等等。但是这假设了除我们自己的历史外，任何历史都不重要。它假定世界其他民族大不一样的历史经验以及他们从中得出的结论并不重要。虽然民主、人权等等的好是不言而喻的，但这并不意味着其他民族会按照我们要求的进程达成它们或是它们的变种。更不用说民主和人权这样的原则本身并不总是和谐的事实：在一些地方，少数人的权利在君主统治和独裁统治下比在多数暴政和彻底混乱下——这是民主实践失败的阶段性产物——能得到更好的保护。

我们应该反复牢记，边疆归根到底是实事求是地实践，而不是根据常识的实用智慧来想象和生活的。没人能够像 20 世纪伟大的美

---

① 亚哈船长是赫尔曼·梅尔维尔小说《白鲸》中的主人公。捕鲸船"裴廓德"号船长亚哈，在一次捕鲸过程中，被凶残聪明的白鲸莫比·迪克咬掉了一条腿，因此他满怀复仇之念，一心想追捕这条白鲸。他的船几乎兜遍了全世界才终于同莫比·迪克相遇。经过三天追踪，他用鱼叉击中白鲸，但船也被白鲸撞破，亚哈被鱼叉上的绳子缠住，掉入海中。全船人落水，只有水手以实玛利一人得救。

国外交家乔治·凯南表现的那样敏感，他在心脏地带的威斯康星州出生并长大。凯南相信的事情会令现在的政策精英阶层感到毛骨悚然。例如，他认为一个国家的内部特征不如其国际行为重要，即使该政府对内采取压迫式的政策；如果它对外负责，它的外交政策符合美国的目的，那就足够了。他认为维持力量的平衡比宣传道德原则更重要。与其说凯南是一位原创型思想家，不如说他提醒和训斥国父们在国际关系中所主张的东西。作为他的传记作者，耶鲁大学教授约翰·刘易斯·加迪斯（John Lewis Gaddis）解释说，凯南认为，美国安全受到的来自对手的威胁要比来自本国领袖和精英错误观念的威胁小。[19]

　　我看着窗外这些驶往中国的灰色舰船：现代主义诗人哈特·克莱恩（Hart Crane）曾提到的"中国"，现在象征着我们沉浸在更广阔的世界以及问题与可能性的无限网络中。哥伦布当初可能将美洲误认为中国。但中国的意义是作为美国的最终命运。这些灰色舰船捍卫自由的海洋秩序，它是 21 世纪早期所有国家为世界提供的善行中最好的，也是美国的反对者无法完全否定和抹杀的——即使美国不时犯错。美国不可能——在没有接近美国价值观的继任者的情况下——甘愿退居台后。第二次世界大战结束时的英国可以依赖美国，所以它在帝国解体的情况下文明社会没有遭到灾难。换句话说，它可以对美国的力量让步。但是现在美国看不到这样的国家。亚太地区如果没有美国海军的存在就无法保持稳定的均势。中东不太可能自行解决问题，因为它还未能完全适应一百年前奥斯曼帝国的崩溃。建立在共同经济同盟之上的第二次世界大战后欧洲秩序一直在松动，因此它不足以独自面对一个反复无常和坚定自信的俄罗斯。因此，美国必须在国际上维持自己，即使美国不能解决许多问题，也必须避免昂贵的干预，同时美国要记住成功帝国的经验是克制、谨慎和战略耐心。

因为美国的地理条件在一定程度上是其他大陆所不具备的，所以美利坚作为一个民族被赋予了道德和非道德的责任。这意味着美国必须回归 18 世纪和 19 世纪边疆所真正代表的思想。边疆是关于节俭资产的。它是关于越过边境线向外推进的——但只是在照顾美国利益的时候。它是关于维持供应线的——然而这使美国的脚步放慢了许多。它是关于力所能及而非自不量力的，同时它不是胆小怕事的。最重要的是它是关于实用主义的。

我们必须保持现在时态的边疆思维模式。边疆一直是美国例外主义背后的秘密佐料，这在很大程度上是地理所赋予的。

永远不要认为这些舰船是理所当然的。记住雅典——其民主帝国催生了伟大的哲学和文学作品——曾是海洋强国的代名词。望着圣迭戈港，我想到了亲眼看到的美国的地理禀赋，仿佛一座巨型桥梁的弧形跨度；森林、草原、沙漠和山脉都凝聚成一个控制人类维度的单位。这些在停泊位上的舰船不仅是因为美国的庞大野心和传教倾向，还是因为美国充满活力的生命力：美国公众带着所有的抱怨和失望与民粹主义煽动者暗通款曲，并最终在至关重要的海外事务上信任和接受其统治精英。然而，这些舰船可能不只受到外国海军的威胁，它们很可能也受到我们自己所制造灾难的威胁——它摧毁了信任。因此，只要我们记得所有——而不仅仅是一些边疆——的教训，这些舰船就将停靠在这些泊位中。

后记

技术并没有否定地理。它只是使地理更小，更让人感觉到幽闭恐怖，因此，每一块土地都比以前更受重视，引起更激烈的竞争，同时，每一个地区与危机地区都比以往任何时候更紧密地联系在一起。我父亲的"低纬48州"比我去过的时候更加广阔，更孤立于欧洲和亚洲之外，尽管第二次世界大战的磨难使我们的军队可以在任何情况下出兵海外。

伯纳德·德沃托写到我们如何占据一个大陆。考虑到城市和郊区的扩张，以及在缺水时代对增长的限制，北美大陆现在已经被填满，并开始渐渐融入一个越来越小的世界。这种融入，因为不均匀地发生——因为它对不同的人口部分影响不同——只会加剧美国的内部分裂。美国巨人敏锐而界限明晰的特点正在逐渐减弱。

美国的公路和高速公路，加上加油站便利店里充满活力的晨间交谈——和立在一旁的一排排咀嚼烟草和浓缩咖啡机——代表着一种统一的文化。但这只是这个国家的一个社会层面。无论你身在何处，你必须始终意识到与眼前现实矛盾的其他现实。甚至在统一的文化中，人们对政治的缄默是令人不安的——考虑到他们的谈话充满了生活中的日常问题。这意味着疏远，使人们在更困难的时期倒向蛊惑民心的政客。我想到我们荒凉的沙漠地区，这只不过是一个脆弱的文明环境。我们不像我们想象的那样安全或成熟，即使我们比任何竞争者都更强大。

同时，美国不断扩大的城市地区正在成为全球化的城市国家，并与外界的联系日益紧密而意义深远。但全球文化的弱点在于，在心理上脱离了任何特定的家园，它没有为之防御或战斗的土地，因此，除了最新的媒体热潮之外，没有固定的信念。所以我们瓦解在这个世界中。我们越是脱离我们的领土根基——越是城市化和全球化——我们以更为剧烈和意识形态的形式人为地重构美国认同的危险性就越大，以致我们在国内面临激进化的风险。换言之，我们面临着历史上所有的困扰着欧洲和亚洲的恶魔的威胁，尤其是当我们与全球其他地区越来越融合的时候。

我想到的是伊利诺伊州的玉米地，其超乎想象的富饶使得华盛顿的精英可以深思熟虑地采取行动。但后来我想到了大犹他满是熔岩烙痕和灰烬的沙漠。大平原和贫瘠的落基山脉西麓是美国历史上最大的间断，使地方自治主义成为必然，将美国神话中个人主义某种程度的不真实暴露无遗。成功促成命定扩张论实现的地方自治主义现在成了海外多边主义的补充。我们越是融入更广阔的世界，越不可能独自解决所有的问题。因为正如世界变得越来越小，孤立主义变得越来越没有意义一样，随着每一个危机都相互纠缠在一起，单边主义也变得越来越没有意义。美国的第一帝国是建立在个人主义和地方自治主义的基础之上的，美国的外交政策也必须如此。

通过多边主义，我们将最大限度地减少海外军事部署的风险。我们也必须谨慎地同前第三世界、伊斯兰和其他国家的民众保持密切关联，这些民众离开村庄，涌入尚未建成的城市和棚户区，这数十亿移民也许在某种程度上比任何西方国家都更能影响人类未来。只有避免自身造成的灾难，并在精神上与其他民族和国家合作，我们才能保持国内的和平。

针对西弗吉尼亚州的惠灵和俄亥俄州的朴次茅斯的破败，不应该制定财政紧缩或孤立主义的政策。美国的海外义务是意义深远的，否认它们只会给美国带来灾难，因为新形式的恐怖主义和极权主义使全球经济体系失常。正是由于美国所处的大陆相对孤立，其位于欧亚大陆中心地区边缘地带的盟友与之并不接近，而与超级大陆上强大的独裁政权靠得很近。为了保卫它们，美国要捍卫自由世界的秩序。但也正因为惠灵和朴次茅斯以及它们所面临的挑战，美国必须避免在国土以外的地方深陷泥沼。因为收缩而拥挤的地球意味着一个危机不断且迅速发酵的世界，因此陷入泥潭的代价比以往任何时候都要高。我们必须想象自己永远处在内布拉斯加州西经 100 度线的位置，这里的地理环境特征在越发稀薄的空气中更加明显且单一。随着我们向西前进，地下水位继续下降。容许犯错误的余地变小了。

致谢

　　兰登书屋的安娜·皮托尼亚克用一种轻快而巧妙的编辑手法，以及提炼要点的重要建议，使手稿被更好地呈现出来。勃兰特和霍奇曼文学经纪公司的亨利·塞耶是手稿的第一位读者，他对于如何将这份手稿提升到一个更高的水平有敏锐的洞察力。1981 年到 1999 年间担任《大西洋月刊》编辑的威廉·惠特沃思为我提供了——尤其在语法方面的——锦囊妙计和支持。我还要再次感谢已故的卡尔·勃兰特对我完成本作及其他作品的鼓励。事实上，卡尔对美国西部的热爱是无与伦比的。批评性的支持也来自文学经纪人盖尔·霍奇曼、玛丽安·梅罗拉，以及兰登书屋的凯特·梅迪纳。

　　第三章前一部分原本是我在《大西洋月刊》2000 年 3 月那期上发表的题为《什么造就了历史：新英格兰的地理环境经验》的文章。我要感谢比尔·惠特沃思的购买、卡伦·墨菲的编辑和已故的迈克尔·凯利的出版。《大西洋月刊》《国家利益杂志》和斯特拉福战略预测公司也分别出版了第五章的一小部分，为此我要感谢詹姆斯·贝内特、斯科特·斯多塞尔、凯特·朱利安、雅各布·海尔布伦和戴维·贾德森。至于地理环境"纵向"和"横向"的概念，是参照美国的东半部和西半部，我的灵感来源于威廉·李斯特·海特穆恩伟大的、普鲁斯特式的、关于堪萨斯州一个县的研究著作《普拉雷耶斯》，该书于 1991 年由霍顿·米夫林公司出版。

　　如果没有华盛顿新美国安全中心的支持及其真正鼓励的知识自由，我不可能完成本书，为此我要感谢新美国安全中心的首席执行官米歇尔·弗卢努瓦、主席理查德·方丹和研究主任肖恩·布里姆利。

　　我要感谢我的助手伊丽莎白·洛克耶，以及德德·拉思本和马克·拉思本为我持续提供的专业帮助，最后，我要感谢我的妻子玛丽亚·卡布拉，感谢她的爱与支持。

参考文献

Birtle, Andrew J. *U.S. Army Counterinsurgency and Contingency Operations Doctrine 1860–1941*. Washington, D.C.: Center of Military History, United States Army, 2004.

Boorstin, Daniel J. *Hidden History: Exploring Our Secret Past*. New York: Harper & Row, 1987.

Bowen, Catherine Drinker, Mirrielees, Edith R., Schlesinger, Arthur M., Jr., and Stegner, Wallace. *Four Portraits and One Subject: Bernard DeVoto*. Boston: Houghton Mifflin, 1963.

Cowley, Malcolm. *The Portable Faulkner*. New York: Viking Press, 1946.

Crane, Hart. *The Bridge*. Paris: Black Sun Press, 1930.

Darwin, John. *After Tamerlane: The Rise and Fall of Global Empires, 1400–2000*. New York: Bloomsbury Press, 2008.

DeVoto, Bernard. *Mark Twain's America*. 1932. Reprinted with an introduction by Louis J. Budd. Lincoln, Nebraska: University of Nebraska Press, 1997.

———. *The Year of Decision: 1846*. 1942. Reprinted with a foreword by Arthur M. Schlesinger, Jr. Boston: Houghton Mifflin, 1989.

———. *Across the Wide Missouri*. Boston: Houghton Mifflin, 1947.

———. *The Course of Empire.* Boston: Houghton Mifflin, 1952.

Donald, David Herbert. *Lincoln.* New York: Simon & Schuster, 1995.

Frost, Robert. "The Gift Outright." *Virginia Quarterly Review,* Spring 1942.

Gaddis, John Lewis. *George F. Kennan: An American Life.* New York: Penguin Press, 2011.

Hammer, Langdon. *Hart Crane and Allen Tate: Janus-Faced Modernism.* Princeton, NJ: Princeton University Press, 1993.

Kaplan, Robert D. *An Empire Wilderness: Travels into America's Future.* New York: Random House, 1998.

———. *The Revenge of Geography: What the Map Tells Us About Coming Conflicts and the Battle Against Fate.* New York: Random House, 2012.

———. "Homage to the Lower 48." Austin, TX: Stratfor, July 10, 2013.

Kennedy, Paul. *Grand Strategies in War and Peace.* New Haven, CT: Yale University Press, 1991.

Krakauer, Jon. *Under the Banner of Heaven: A Story of Violent Faith.* New York: Doubleday, 2003.

Least Heat-Moon, William. *PrairyErth.* Boston: Houghton Mifflin, 1991.

Linn, Brian McAllister. *The Echo of Battle: The Army's Way of War.* Cambridge, MA: Harvard University Press, 2007.

McPhee, John. *Basin and Range.* New York: Farrar, Straus and Giroux, 1981.

Mead, Walter Russell. "The Jacksonian Tradition." *The National Interest,* Winter 1999–2000.

Merry, Robert W. *A Country of Vast Designs: James K. Polk, the Mexican War and the Conquest of the American Continent.* New York: Simon & Schuster, 2009.

Morris, Edmund. *The Rise of Theodore Roosevelt.* New York: Random House, 1979.

Nash, Roderick Frazier. *Wilderness and the American Mind.* 1967. New Haven, CT: Yale University Press, 1982.

Olson, Charles. *Call Me Ishmael.* San Francisco: City Lights Books, 1947.

Pfaff, William. *The Irony of Manifest Destiny: The Tragedy of America's Foreign Policy.* New York: Walker & Company, 2010.

Reynolds, David S. *Walt Whitman's America: A Cultural Biography.* New York: Knopf, 1995.

Stegner, Wallace. *Beyond the Hundredth Meridian: John Wesley Powell and the Second Opening of the West.* Boston: Houghton Mifflin, 1954.

————. *The Gathering of Zion: The Story of the Mormon Trail.* New York: McGraw-Hill, 1964.

————. *The Uneasy Chair: A Biography of Bernard DeVoto.* Garden City, NY: Doubleday, 1974.

Stratfor. "The Geopolitics of the United States, Part 1: The Inevitable Empire," August 24, 2011.

Toker, Franklin. *Pittsburgh: A New Portrait.* 1989. Pittsburgh, PA: University of Pittsburgh Press, 2009.

Webb, Walter Prescott. *The Great Plains.* 1931. Lincoln: University of Nebraska Press, 1981.

Whitman, Walt. "Song of the Open Road," 1856.

Williams, William Carlos. *Paterson.* 1946–58. New York: New Directions, 1963.

Wilmerding, John. *American Light: The Luminist Movement, 1850–1875.* Princeton, NJ: Princeton University Press, 1989.

Winchester, Simon. *The Men Who United the States: America's Explorers, Inventors, Eccentrics, and Mavericks, and the Creation of One Nation, Indivisible.* New York: HarperCollins, 2013.

注释

前言

[1] William Carlos Williams，*Paterson* (New York: New Directions，1963)，前言第 3 页。

第二章 大陆帝国

[1] Bernard DeVoto, *The Year of Decision: 1846* (Boston: Houghton Mifflin, 1989), 67.

[2] Wallace Stegner, *The Uneasy Chair: A Biography of Bernard DeVoto* (Garden City, NY: Doubleday, 1974), 222–223.

[3] 同上书，第 232 页。

[4] DeVoto，*The Year of Decision*，前言第 14 页及正文第 208—209 页。

[5] Catherine Drinker Bowen, Edith R. Mirrielees, Arthur M. Schlesinger,Jr., and Wallace Stegner, *Four Portraits and One Subject: Bernard DeVoto*(Boston: Houghton Mifflin, 1963), 4.

[6] 同上书，第 23 页。

[7] DeVoto, *Year of Decision*, xii. Bowen, Mirrielees, Schlesinger, and Stegner, *Four Portraits and One Subject*, 57–60.

[8] 同上。

[9] Stegner, *The Uneasy Chair*, 224–227.

[10] DeVoto, *Year of Decision*, xi–xii.Stegner, *The Uneasy Chair*,224–227.Bowen, Mirrielees, Schlesinger, and Stegner, *Four Portraits and One Subject*,57–60.

[11] Stephen E. Ambrose, introduction to *Year of Decision*, 2000.

[12] DeVoto, *Year of Decision*, invocation.

[13] 同上书，第 7—8 页。

[14] 同上。

[15] 同上书，第 137—139 页。

[16] 同上书，第 54 页。

[17] 同上书，第 82—83 页、97 页、165 页和 466 页。

[18] 同上书，第 115 页、118—119 页、176—178 页、249—250 页和 302—305 页。

[19] Wallace Stegner, *Beyond the Hundredth Meridian: John Wesley Powell and the Second Opening of the West* (Boston: Houghton Mifflin, 1954), 256–257.

[20] DeVoto, *Year of Decision*, 497.

[21] 同上书，第 495—496 页和 498 页。

[22] Bernard DeVoto,*Across the Wide Missouri* (Boston: Houghton Mifflin, 1947), 3, 5, and 61.

[23] 同上书，第 15—16 页。

[24] 同上书，第 140 页。

[25] 同上书，第 300—301 页。

[26] 同上书，第 245—246 页。

[27] Bernard DeVoto，*The Course of Empire* (Boston: Houghton Mifflin，1952)，前言第 31 页及正文第 60 页和 228 页。

[28] 同上书，第 406—407 页。

[29] Bernard DeVoto, *Mark Twain's America*, introduction by Louis J. Budd(Lincoln, Nebraska: University of Nebraska Press, 1997), ix–x.

[30] William Carlos Williams, *Paterson* (New York: New Directions, 1963),28.

[31] Dwight Macdonald, "To the White House," *New York Review of Books*, February 1，1963.

[32] DeVoto, *Mark Twain's America*,48,51,54,and 105–106.

[33] 同上。

第三章　南北地理环境札记

[1] Daniel J. Boorstin, *The Americans: The Colonial Experience* (New York: Random House, 1958), chapter 24.

[2] Robert D. Kaplan, "What Makes History: The Lessons of a New England Landscape," *The Atlantic*, March 2000.

[3] Edmund Morris, *The Rise of Theodore Roosevelt* (New York: Random House,1979), 337 and 473.

[4] Franklin Toker, *Pittsburgh: A New Portrait* (Pittsburgh: University of Pittsburgh Press, 2009).

[5] Adam Wren, "Iran? Is That the One We Invaded?" *Politico*, July 16, 2015.

第四章　东西地理环境札记

[1] Wallace Stegner, *The Gathering of Zion: The Story of the Mormon Trail* (New York: McGraw- Hill, 1964), 1–2,4,and 111 of University of Nebraska Press edition.

[2] 同上书，第 4—7 页、122 页和 153—154 页。

[3] Walter Prescott Webb, *The Great Plains* (Lincoln: University of Nebraska Press, 1981),17 and 21–25.

[4] 同上书，第 43—44 页和 52 页。

[5] 同上书，第 140—141 页、184—185 页和 201 页。

[6] 同上书，第 207—208 页、226 页和 245—246 页。

[7] 同上书，第 486 页、489 页、491 页、507 页和 513 页。

[8] Wallace Stegner, *Beyond the Hundredth Meridian: John Wesley Powell and the Second Opening of the West* (Boston: Houghton Mifflin, 1954), 3.

[9] 同上书，第 17 页、39 页、42—43 页、62 页和 72 页。

[10] 同上书，第 93 页和 110—111 页。

[11] 同上书，第 113 页和 122 页。

[12] 同上书，第 230—231 页、308 页和 353 页。

[13] 同上书，第 174 页。

[14] Simon Schama, *Landscape and Memory* (New York: Knopf, 1995), 394–395 and 397.

[15] Robert Frost, "The Gift Outright," *Virginia Quarterly Review*, Spring 1942.

[16] David S. Reynolds, *Walt Whitman's America: A Cultural Biography* (New York: Knopf, 1995), 298.

[17] Xilao Li, "Walt Whitman and Asian American Writers," *Walt Whitman Quarterly Review*, 10, no. 4 (1993).

第五章　中国

[1] John R. Hale，*Lords of the Sea: The Epic Story of the Athenian Navy and the Birth of Democracy* (New York: Viking Penguin，2009)，前言第 23—25 页和 27 页。

[2] Stratfor, "The Geopolitics of the United States, Part 1: The Inevitable Empire," August 24,2011.

[3] Halford J. Mackinder, *Democratic Ideals and Reality* (New York: Henry Holt and Company, 1919; 1942 National Defense University edition),45–49.

[4] 国会预算办公室估计，到 2044 年军舰数量可能会降至 208 艘。"Preserving the Navy's Forward Presence with a Smaller Fleet," March 2015.

[5] John Darwin, *After Tamerlane: The Rise and Fall of Global Empires, 1400–2000* (New York: Bloomsbury Press, 2008), 22–23,236,469,479,and 491.

[6] 同上书，第 469 页。

[7] Paul Kennedy, *Grand Strategies in War and Peace* (New Haven, CT: Yale University Press, 1991), 167.

[8] Darwin, *After Tamerlane*, 479.

[9] William Pfaff, "Why the Arab World Fights," *The American Conservative*,November / December 2014.

[10] Robert D. Kaplan, "America's Imperial Class," Stratfor, November 21,2012.

[11] John Lewis Gaddis, *George F. Kennan: An American Life* (New York: Penguin Press, 2011),

278.

[12] 同上书，第 299 页。

[13] Bernard DeVoto, *The Course of Empire* (Boston: Houghton Mifflin, 1952),266.

[14] Andrew J. Birtle, *U.S. Army Counterinsurgency and Contingency Operations Doctrine 1860–1941* (Washington, D.C.: Center of Military History, 2004),7–12.

[15] Brian McAllister Linn, *The Echo of Battle: The Army's Way of War* (Cambridge, MA: Harvard University Press, 2007), 71–73.

[16] William Pfaff, *The Irony of Manifest Destiny: The Tragedy of America's Foreign Policy* (New York: Walker & Company, 2010), 71–72, 86 and 99–100.

[17] Herman Melville, *Moby-Dick* (1851; repr., New York: Knopf, 1988), 576.

[18] Charles Olson, *Call Me Ishmael* (San Francisco: City Lights Books, 1947),12 and 14.

[19] Gaddis, *George F. Kennan*, 323 and 435.